陈乃乾 著

虞坤林 整理

陳乃乾日記

中华书局

图书在版编目(CIP)数据

陈乃乾日记/陈乃乾著;虞坤林整理. —北京:中华书局,2018.8
ISBN 978-7-101-12703-4

Ⅰ.陈⋯ Ⅱ.①陈⋯②虞⋯ Ⅲ.陈乃乾(1896~1971)-日记
Ⅳ.K825.4

中国版本图书馆 CIP 数据核字(2017)第 176800 号

书　　名　陈乃乾日记
著　　者　陈乃乾
整 理 者　虞坤林
责任编辑　白爱虎　刘　明　俞国林
出版发行　中华书局
　　　　　(北京市丰台区太平桥西里 38 号　100073)
　　　　　http://www.zhbc.com.cn
　　　　　E-mail:zhbc@zhbc.com.cn
印　　刷　北京市白帆印务有限公司
版　　次　2018 年 8 月北京第 1 版
　　　　　2018 年 8 月北京第 1 次印刷
规　　格　开本/920×1250 毫米　1/32
　　　　　印张 12½　插页 9　字数 300 千字
印　　数　1-6000 册
国际书号　ISBN 978-7-101-12703-4
定　　价　58.00 元

陈乃乾先生像

与夫人莫芳瑜摄于北京寓所

1956年，儿子陈剑平转业时所摄的家庭合影

1958年，出差上海时与儿子陈剑平合影

1958年，出差上海时与夫人莫芳瑜（右）、儿媳周丽华（左）合影

与陈垣（左二）、陶洙（左三）、尹炎武（左四）合影

与潘达人（左一）、陈垣（左三）、金灿然（左四）合影

陈乃乾日记部分原件书影

陈乃乾日记手迹之一

二十八日早晨往觀青兒赴已澌退　借富音二十萬

二十九日朱直看約詢及諸同人舊事遜佳意巌南　下午陳

雨冒雨歸宋未及往覘青兒

三十日媾傳新金文最三十六冊僅十六萬今月送文票去

三十一日今日開大會討論「什麼叫歷史問題」以子日一冊子

過青閣　慎七八　兩月工作報告

Ｔ編美帝利用基世表優昆中國的罪行八月六日完成　約比萬六千字成

(2)整理焦賈料一千三百六十六件　今日起資到資退改用考勤卡西人別為

九月一日陰曆八除　一紙

二日星期　傍晚往觀青兒知昨日往戲劇專技應考

三日　得青兒電話知劇專病其但赴漢口蓋同為國立機關不

　能互相爭取我早辨且此矣

四日　上午旬組會康郡告歷史　傍晚過青兒零

五日　領上月薪公務○六○石陳扣寅收五十四萬○五百元還為借

　三萬付房租十萬九千一万廿元

十四日　傳寫日記急已八日　徐在王介紹南京博物館羅宗真來訪　汇辭安償五

十萬

十五日　中秋麻　傍晚至陶正元家贈紫毫筆兩支陶翁已於去年　芷

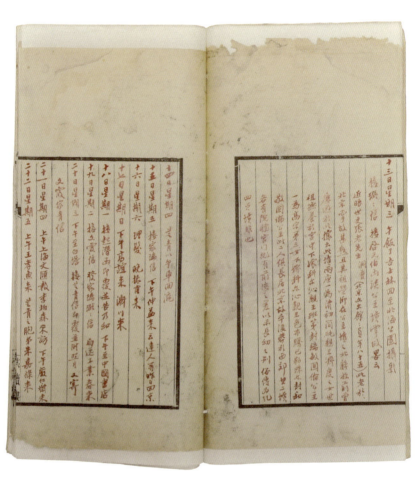

陈乃乾日记手迹之二

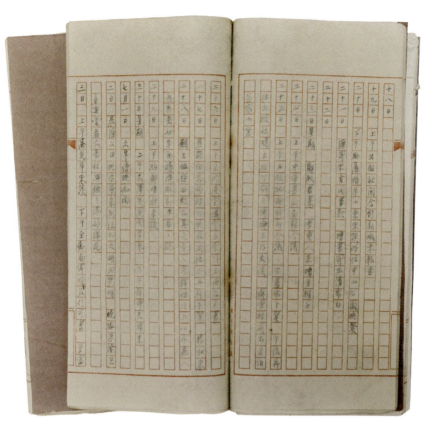

陈乃乾日记手迹之三

<table>
姓　名　字　籍貫　府　集　志
</table>

断畫一二筒合内有亚愚江浙化行集白詩一種係陳

民得舊板配入行拓特異

亚墨江浙紀行集白詩七卷　首題廣陵沙門

紹萬由年葉八行十六字前有廣陵盈墨雕

初紹萬序楊夢信題詩摹議兩知臨安府遥官

曝事楊天麟題詩從事即常州宜興縣尉播州

學敎授陳　　題詩後有紹定四年壬子夏中瀚

從事即監慶元事昌園縣西監龍楊宣城陳應

中跋十初十八字　巻末題嘉興四元丁酉良月師於学

直疏三利行　三兩行

陈乃乾日记手迹之四

王建集傳本甚稀即明刻亦不易覯況宋刻邪
此本為汪閬源舊物蕘圃書舍宋元書目著錄
復經蕘風老人據馮己蒼鈔本手校其第一第
四兩卷首葉巳刻入宋元書景中後有得者當
亟以殘帙怨之　辛酉六月陳乃乾

陈乃乾题跋手迹之一

韻齋攜示陳仲魚黃蕘圃兩先生手校何元朱筆 朱筆 墨筆

中序新序首尾殘闕分訂四冊謂是吾鄉

費敬庵物索直六十圓留閱兩日逐校于此

本上時南陵縣志徐筒公年譜皆未脫業

又為朱氏校刻樹聲館集寫官廁氏日

夕敢迫偷間錄此殊卅之也

癸亥三月十一日海寧陳乃乾

原本書箋為改裝時截短朱校有缺損至兩字者暇時當勘補之

陈乃乾题跋手迹之二

目　录

一九五七年

一九五八年

整理凡例

一、陈乃乾先生日记手稿今存15册,本书即据手稿整理。

二、日记起自1922年,迄于1966年,残存25年,具体为:1922年10月17日至11月19日,中有间断;1923年正月初一至二月初五,中有间断;1924年正月初一至二月初一,中有间断;1929年11月29日至12月27日;1930年1月4日至2月12日,中有间断,5月7日至30日;1931年1月1日至10月11日,中有间断;1933年1月15日至2月27日,中有间断;1935年6月8日至9日两天;1938年1月1日至12月24日,中有间断。1943年9月14日至29日,中有间断;1944年1月1日至8月13日,中有间断;1946年12月25日一天。1948年10月1日至30日;1949年7月1日至12月31日,中有间断;1950年1月1日至12月31日,中有间断;1951年1月1日至12月31日,中有间断;1952年1月1日至12月27日,中有间断;1953年1月1日至10月18日,中有间断;1954年1月1日至10月10日,中有间断;1956年8月18日至12月31日,缺8月19日;1957年1月1日至12月31日,中有间断;1958年1月1日至10月10日,中有间断;1959年1月1日至7月6日,中有间断;1965年10月1日至12月31日,中有间断;1966年1月1日至8月23日,中有间断。此外,1959年7月22日至1965年10月之前的日记,由于手稿褪色无法辨识,未作整理。

三、日记原稿凡用民国纪元者,整理时统改为公元纪元。年下所系月、日,保留原貌。

四、日记原为繁体直写,今改作简体横排。

五、日记原无断句标点,今施以新式标点。

六、日记严格按照原稿整理。原稿空格及因漫漶而无法整理的字词,用"□"标示;原稿未完及通篇损坏,无法整理者,则以楷体随文注明,并用"(　　)"标示;原稿疑缺者试为补出,用"〔　　〕"标示。

七、原稿夹注、批注能辨识者,以小字排印,并附于相关内容之后。

一九二二年

十月

十七日

午刻寿祺来,云景韩带来《吴兔床日记》三册,索值百金,约余同往一观,因同至永保栈访之,不值。酉刻,景韩招韵斋、蓉峰、寿祺及余在顺源楼晚餐。继至永保购《兔床日记》三册自嘉庆元年至十七年,值九十元。景韩又带来乾隆初年拓本《孔褒碑》,有张叔未跋,索八十元,因有缺字未购。自今日起发愿为日记。

十八日　始雪

钞南陵碑三种。

十九日

钞南陵碑二种。晚饭后以朱笔迻录严修能校《弹指词》。

二十日

校《弹指词》讫,并钞补序文二叶。倪崑甫来,因以《兔床日记》属其录副。晚晤子敬,知明训以四千五百元购得世綵堂柳文。先是,八月间敦保来,云有全部柳文,口上有"世綵堂"三字,尾有朱竹垞跋,约寿祺往购。寿祺约余同往一观,始知其书在绍兴吴家,盖留邨之后裔也。主人至黠,初索价一千四百元,继改为二千六百元,其实胸无成竹,不自知其书之究值几何也,遂不成议而还。其书以三种刻本配成,行款皆与济美堂本同。口上有"世綵堂"三字及刻工姓名,每卷后有"世綵廖氏刻梓家塾"等牌子,篆隶不一,有一种仅两三卷,纸校薄,精彩最好。其馀二种似高丽翻刻,全书封面皆宋藏经笺,首尾有项子京、宋牧仲等藏印,后有竹垞跋。子敬云,朱跋及藏印均真,世綵本韩柳二集,皆项氏物。韩集为汪阆源所得,由郁泰峰而归持静。柳集则为商丘所得,而转入吴留邨家。子敬又以济美本略一对勘,知行款虽同,而注实不同,盖明人取宋本增删其注,去廖氏刻书牌子而重刻之,非宋本面目矣。又卷首凡例五页,济美本亦已删去。牧翁《有学集》有《高丽本柳文跋》,至此书究竟是否宋本,尚须与韩集对校,方可论定。

二十一日

钞南陵碑二种。

二十二日

午后与文霞、疏儿至邑庙。夜饭后至古墨斋购曹氏《吉金图》两册,价十二元。

二十三日

钞南陵碑一种。遇山东碑贾,购《张迁碑》、《石夫人志》各一,晚间在古墨斋购《李超志》。

二十四日

钞南陵碑一种。下午访倪崑甫,借得《古钱考》八册。金彦云撰。彦云为桧门子,衍宗之祖。

二十五日

钞南陵碑一种。

二十七日

访颂清,蒙赠雪堂翁《殷墟文集联》一本。立炎赠《知不足斋丛书》、《古书丛刊》丙丁集及薛《钟鼎》各一部。《怀米山房吉金图》印成。

二十八日

培孙、连城午餐于禅悦斋。申刻访积馀，商《南陵志稿》，复同至来青阁。积馀约予及寿祺、陈一甫会餐于大新楼，为予祝戒杀也。

二十九日

母难日。培孙约功德林午餐，同座者福渠、连[城]。从今始茹蔬戒杀。

十一月

庚申朔

梦坡赠新刻《两浙词人小传》，覆信道谢。往晤骏声，商印《金刚经》事，即函告积翁。晚晤景韩、瑞祥。

初二日

午后至邑庙，购得《道光己酉同年录》，复与文霞、疏儿至大世界。

初三日

钞南陵碑一种，晚至来青阁借得初刻《明史稿列传》。

初四日

校《明史稿》。积馀送来《邓析子》书衣。

初五至初八

校《明史稿》，未出门。

初九日

以《明史稿》校记付钞。积馀来，适余已先出，未晤，晚间遇于来青阁。

初十日

钞南陵石刻文字,今日讫。

十一日

晚至蟫隐庐,见苏戡近书《蜕隐山农墓志》,绝似隋碑。

十二日

偕寿祺赴苏,寓共和旅馆。

十三日

上午到桂芳阁晤学南、念慈。下午访佩铮,获观玄妙观石画拓本及石芝西堪同人赤牍数百通,相与纵谈金石甚欢。晚车回沪。

十四日

下午菊卿来。

十八日

积馀约晚餐于功德林,同座者李木公、陶希泉、姚文敷、王雷夏。

十九日

由立炎处转到沅叔函及手录涧龚题跋六首。

一九二三年

正月

庚申朔　晴

上午郑翰生来。撰《明史稿》校记成。校《紫岩诗选》一卷。

初二日　晴

子高来，因同访翰生。崑甫来，未晤。晚至寿祺家看书，天雨未归，与韵斋、勤庵等竹战达旦。新年欲购陈氏邃雅斋藏书，忙碌数日卒未获观。

初二日①　雨

初六日　晴

上午访积馀，继至古书流通处。立炎以新印《六十家集》见赠。骏声来。至大东书局晚餐。

初七日　晴

积馀、培孙来。晚至蟫隐庐，借茗翁校《西溪丛语》，并观元刊《辍耕录》，皆北京坊友韩子元物。

---

①原稿如此。

初八日　晴

在寿祺处购得毛刻《西溪丛语》。午后至积馀家观铜器拓本。是日午刻九亩地火,距韵斋所居仅数武耳。

初九日　晴

得子敬书,知《三礼便蒙》佚篇已交苏戡,渠甚感谢,欲图后晤。

初十日　晴

用墨笔临校《西溪丛语》。上午培孙来,约明日午餐。

十一日　晴寒

上午与文霞、疏儿至培孙家午餐,饭后至福渠家。今晨五句钟,培孙对门失火,死二孩,余往时已十一点半,馀焰尚未息也。晚归,用朱笔校《西溪丛语》,并摹诸家藏印。

莞翁校《西溪丛语》二卷,为京贾韩子元物。去年冬子元南来,随带旧书数十种,此其一也。将归以书寄存蟫隐庐,欲求售于孟蘋,余从蟫隐庐主人罗子敬假观,留置案头三日,用朱墨笔迻校,并景摹印记而归之,时癸亥正月十一日也。乃乾。

十二日　晴

至积馀家,商印《法华经》,同出购宣纸未得。

十三日　晴

手录莞翁未刻题跋数首。晚间至蟫隐庐,观《百川书志》抄本,有莞翁跋,伪。

十四日　晴热

十五日　晴热

金少朌从安庆来,得明刻《山海经》、六子、《国语》等书。

十六日　晴

午刻培孙来,同访墨飞,未遇。与景韩、韵斋晚饭于顺源楼。

夜雪。

十七日　阴

寿祺赠予书箱八只。午刻校《徐公文集》校记清本。与颂清、景韩、韵斋晚饭于顺源楼。景韩以《兔床日谱》二本售于余。

十八日　晴

上午培孙来。

十九日　晨晴午后雨

未出门。

二十日

访崑甫。

二十一日　晴

午后蓉峰约往麦特赫司德路三十六号李威侯家看书，有宋刻《文章正宗》、《通鉴总类》，元刊《二程集》，黎谅刊《水心集》，徐刻"三礼"，翰院写《全唐文》等书。最精者为元刊《诗外传》黑口，十行，二十字，五砚楼旧藏，有瞿木夫、黄荛翁、顾涧𬟽三跋。

二十四日　雨

重观李氏书，同观者立炎。

二十五日　晴

韵斋来，以新印《邓析子》、《怀米山房吉金图》托其带赠静庵。

二十六日　晴

积馀自苏归，往访之。以藏镜拓本及扬州酱菜两瓮见赠。

二月

朔　晴

晨起校《紫岩诗选》，刻工恶劣，不堪入目。振唐之刻书真所谓附庸风雅,强作解事已。午后往积老家观宋刻《三因方》,系书贾携来者,索二百四十元。与文霞晚饭于功德林。

初二日　晴

晤培孙、连城、福渠、少荣于长乐茶店。

初三日　晴

访崑甫,未见。

初四日　晴

初五日　晴

晚间至来青阁,李迪凡挟破书来,韵斋检得钞本诗集一册,首尾残缺。告余曰此书作者与钱牧斋同时,当是善本。余一见即审为魏雪窦诗,亟购之,归家取《续甬上耆旧诗》勘之,果然。

一九二四年

正月

甲寅朔　雨

晨起作书致张阆声、顾颉刚、范子美。午后寿祺来,同至四马路晚餐。

初二日　雨

上午至授经、梦坡、均卿家贺岁。午后与萼孙、骏声、桂青在均卿家竹战,小负。夜餐后,寿祺、韵斋、二祥,复来我家竹战,予与二祥获胜。是日自午至亥竹战十六圈,为生平未尝有之事。

初三日　晴

上午至积馀家,归途遇骏声,同至幼棠家午饭。午后至世界书局访知方,继至大东书局。

初四日　晴

上午至翰生家,下午与文霞访萼孙、桂青均不遇,继至亮卿家小坐,复至大世界,晚餐啜茗于共和厅,景赓携妻孥辈后至。夜十一时归家,大雨如注,衣履尽湿。

初五日　晴

访子经、立炎。从来青阁借《续古文苑》,钞得顾千翁《天文大象赋跋》一首。

初六日

上午晴，访太夷，不遇。下午坐雨寓中，校《野客丛书》六卷。

初七日　晴

晨起校《野客丛书》七、八两卷。午后偕文霞访培孙。晚餐后至蟫隐庐购《籀膏述林》、《永丰乡人集》。

初八日　晴

校《野客丛书》卷九至十八。是日太夷北行。

初九日　晴

校《野客丛书》毕。作书致积馀、曼青、锦荣。

初十日　晴

为立炎写《九宫大成谱》箱额，午后访萼孙、伯祥。

十一日　晴

钞补《野客丛书》跋及目录两叶。午后应培孙之约，晤于长乐。晚间朴社常会。作书寄沅叔。

十二日　晴

写聚德堂额及墓地界石。崑甫来，以词目及燕庭文稿付钞。梦坡送来新刻《南浔志》三部，一赠学南，一赠培孙，其蓝印者则赠余。立炎赠《大成九宫谱》一部。

十三日　晴

写联挽徐蓉初、徐申如之母。九五福富寿考终，叹鹤驭上宾，盼断音容桑梓谊；八旬馀郝锺垂训，看凤毛济美，崭新事业子孙贤。

十四日　晴

十五日　晴

十六日　晴

钞《野客丛书》目录讫。晚餐于振铎家,雁冰主席。

十七日　晴

作书寄颉刚、培孙,得沅叔、绍虞函。

十八日　雪

校《读史通通释》。

廿一日　晴

慰生来,云将设肆于苏州。

廿二日　晴

廿三日　雨

写联贺慰生新张,句云:"架上奇书矜宋刻,国中文献萃吴都。"晚间遇朴庵于古书流通处。

廿四日　雨

整理架上书,未出门。

廿五日　晴

访翰怡,未晤。

廿六日　晴

至培孙家,午餐后乘快车同赴硖石吊徐氏丧。夜宿第一旅社,天寒被薄,几不成寝。

廿七日　阴

至徐家,午饭晤阆声、君劢。午饭后与培孙、景韩、志摩、君劢啜茗于见山楼。复与培孙、君劢同乘快车回沪,抵家已八时矣。

廿八日　晴

午后访立炎、翰怡。至来青阁,得积老所赠《国学汇编》。

廿九日　雨

与圣陶、伯祥晚餐于言茂源。得颉刚信。

二月

初一日　晴

未出。

一九二九年

十一月

廿九日

即阴历十月廿九,为余生辰,午刻在家吃面。数日前文霞与二女约俟余生日同餐于外,今日以家庆患喀,不果行。晚饭于琴芳家。夜间访子桢,不遇。

三十日

午后和庭来,代芹伯接洽蒋氏书板交革事。子桢来,谓昨晚狮吼,故未赴紫琼处。晚饭于大加利,与文楼清话达旦。

在中国书店取《苏溪渔隐读书谱》,灵石耿文光撰。记所读之书,依年编次,为年谱中创例。文光所著尚有《目录学》,已先为陈□□购去,不及见。

十二月

一日

午刻至南洋中学,与培孙、幼楚往曹家宅等处环游一周。午后毅孙来,襟亚来。得张菊生、周越然信,即覆。致伯祥函,询太平天国各书。席珍招宴于倚翠家,余征琴芳、文楼、志行。

二日

午后至刘宅访授经,继至张宅与芹伯、縠孙、和庭叙谈。与縠孙同出至外白渡桥饮茶,晤叔驯。振铎来,不值。扶万之子来。翰怡于前月十三日遇绑,以马惊得逸,顷已避居南浔矣。晚在授经家与授经、少卿、景熙竹战,归已二时矣。

三日

午后至授经家,点取《密韵楼丛书》七种版片,及宋本《吴郡图经续记》、《新定严州续志》、《中兴馆阁录》三种,又明本、钞本书十馀种,交付芹伯处。《密韵楼丛书》原拟刻十种,今已刻成七种。已刻未修板者《文中子》、《严州续志》二种,未毕工者《中兴馆阁录》一种。近年来孟蘋无意于此,此板弃置久矣。今縠孙拟续成之,会将有辽东之行,故托芹伯经纪其事,余则代为接洽。今日与授经讲定,以后刻工每千字价十五元。骏声招餐于中央,征琴芳、探春。立人招宴于荷花家,征琴芳、文楼。

四日

午后访芹伯,继至縠孙处,观冷吉臣《秘戏图卷》,为贵池刘聚卿旧藏,縠孙以四千金得之。晚与授经宴客于云南楼,到叶玉甫、胡适之、陈霆锐、孟莼孙、赵叔雍、周越然、郑振铎七人。今日本拟为吴德生饯行,而德生已先日回甬,故未能同席。

五日

午刻访沈韵斋,继访郑振铎,归途便道访积馀,未晤。晚与振铎、伯祥同饮于老裕泰。余因湿疾,酒不沾唇者已五六年,今日破例尽半杯。君定来,不遇。得石子、积馀札。余所得嘉靖《上海县志》,为绝无仅有之孤本,昨日已见售于越然,惟尚未取去,今振铎必欲争得之,颇为难。任中敏校曲至"胡人明宗"四字,不能解,乃注云"宗"改"皇","胡人"二字必误，其愚而好自用如此。振铎云，浴于又日新。阅晚报，知滕固因失恋自戕，鸣呼，王国维、滕固皆吾友也，而皆死于非命，一则误用其忠，一则误用其情，虽二人之道德学力判若霄壤，而其死丧勇有同慨焉。滕系伪死，盖惧蒋党缉捕故也。

六日

至南洋中学检阅道家各书。致叔雍信，略云：日前于嘉业堂晤言，弟谓刘氏曾刻《渚山堂词话》，兄与授老皆不信，今检敝箧竟得之，且确为刘氏所刻，自信记忆力尚不弱。公等既假嘉业堂为机关，作大规模之征集，乃于刘刻各书曾未省识，则不免舍近而务远矣。与琴芳晚餐于新利查，继同至志行处，聚谈至三时归，宿琴芳家。

七日

吴希韩招晚餐于状元楼，继至琴芳处小坐。

八日

午后至出版部，阅俞氏新印《梅村诗笺》，样本讹字甚多，格式至陋，而书已印成，不能更改矣。子桢来，同至琴芳处小坐。至一品香访巽初。于新利查晚饭后，复至琴芳处，十二时归。

九日

至南洋中学检阅医书。晚至紫琼处，与子桢、紫琼同饮于金陵，已午夜矣。约琴芳，未至。

十日

至南洋中学检阅医书。襟亚来，同往文楼处小坐，餐于新利查。继至笑笑家，晤王振川、吴微雨，征琴芳。

十一日

午刻至来青阁，晤吴子白，颇研究古代医书及笔记书。得越然、次民信即覆。访史祥生，不值。访子桢，同餐于新利查，继至迎春处。琴芳来,谓明晨赴苏。继至紫琼处。

十二日

至南洋中学检理医书,下午从培孙处取得二小猫。子桢招宴于迎春家,征志行、映红。

十三日

至南洋中学检理类书。毂孙来。寿祺来。

十四日

至南洋中学检理总集、诗文评各书,归途遇大雨。访韵斋,未遇。访凤宾。

十五日　大雨

下午访授经,得蒋刻七种,蓝印本二部。毂孙来。晚往紫琼处,与子桢闲谈,忽报张夫人来伺于衖口,余与子桢从邻家间道出。

十六日

乘三句钟赴苏,便道访越然,略谈。骏孙往南京,适与余同车,沿途多停顿,到苏已昏黑矣。夜访寿祺、伯渊,均不遇,宿中央饭店。夜间寿祺来,因同往伊店中观书,取孙默《十六家词》,谢章铤《赌棋山庄词话》,顾陈垿《洗桐轩集》、《抱桐轩集》。

顾氏有桐,为陈垿之祖所手植。岁庚申,桐忽凋瘁,而陈垿之父卒,故庚申以前称"洗桐孙",庚申以后称"抱桐子"。昨晚授经语我云,刘氏近检出抄本《顾宾阳年谱》,不知"宾阳"为何如人,余一时竟不能答,今日适得此集,亦奇事也。

十七日

购得《田山薑年谱》、《麟凤二公年谱》、《白雨斋词话》。访赵学南,出示《松江韩氏书目》。下午于彩云楼晤学南、芝孙。从百耐借阅彊村所刻词。

十八日

上午饮于彩云楼,招章卿略谈。乘午车回沪。下午访子桢。访子祥。

十九日

雨中两访韵斋,不遇,饭于子桢家。下午坐雨,拟《词话丛刊》目,得四十二种。

二十日

至南洋中学,检阅总集类书。晚访韵斋,同饭于九亩地,浴于温泉。晤子桢,同至紫琼处。

二十一日　大雪

校《吏学指南》。朴安招晚餐于会宾楼,并约文霞。请柬有"夫人不到要罚"之语,戏极。以诗云:"汉家故事有归遗,何必奔波学倡随。任检西曹新旧律,如何科罚总怀疑。"得沅叔书。

二十二日　严寒

访子桢,不遇。访祥生。凤宾来。

二十三日

至南洋中学阅总集。与子祥晚餐于新利查,招志行、萍影。午夜与志行、梅妃饮于金陵。

二十四日

阅总集。与振铎、伯祥饮于豫丰泰。

二十五日

阅总集。与富晋饮于新利查,招萍影、红情,继至红情家。

二十六日

阅总集。与子桢、言源餐于清一色,招萍影、红情。访襟亚于新世界饭店,午夜归。

二十七日

影写《上海县志》地图二页。访云峰，知市上喧传之宋本《陆士龙集》，乃张仲昭家物。访富晋，见残宋本《北碉集》。

连日忙乱，未写日记，以后仍拟踵为之，不使间断。

一九三〇年

一月

四日

晚餐于毂孙家,毂孙定六日晨乘轮赴奉。

五日

在顾天放家午餐,晤潘圣一。晚在新利查晏客,到毂孙、陈巨来、钱芥尘、俞子英、张芹伯、胡朴庵诸人。餐毕,偕芥尘、子英至东亚旅馆晤许剑青。

六日

至商务书馆,晤越然、振铎、伯祥、圣陶、予同诸人。晚至紫琼处小坐,归家已十时,适文霞腹痛大作,盖芒肠炎发也。午夜无处延医,乃招王振川至,振川以为寻常肠胃病也,为之灌肠打麻醉性之针,使之止痛而已。

七日

延汪企张诊断,定为芒肠炎。文霞不肯进医院,乃以水袋冰之。至下午七时,痛益剧,不可耐,乃以电话告锺淑贞。锺适为人守生,不能来,嘱速送广仁医院施救,并由锺女士以电话托该院傅美医生诊治。乃借牛惠霖家病车往,子刻,由傅医生施手术剖腹。

八日

昨晚文霞剖腹时热度甚高,余颇以为虑,又以该院无空病房,住普通室中。院例,凡探望普通室中病人,须下午三时可入,故余心虽焦急,亦无可如何也。上午访俞凤宾,托其往院省视一次,并托傅医生细心诊治。因凤宾为美国医生,且与傅交好也。复至徐兆蓉处,适徐因病家居,因写英文函询傅,傅答情状尚好,剖腹时流脓甚多云云。三时至院,文霞热度渐降,颇以为慰,惟胃痛甚。四时凤宾到,因同见傅医生。至琴芳家晚餐,心绪恶劣,无多言语而别。以《上海志》送交越然,得二百元,聊以济急。

九日

至出版部,晤汉英。三时至院,文霞述昨夜换药及洗胃时之痛苦,凄然泪下。至志行处晚餐。

廿八日

文霞自医院归。自文霞病后心绪恶劣,久不写日记,今后拟赓续之。

廿九日　即阴历除夕

晚饭后晤子桢、紫琼于迎春私寓。继往新世界饭店,文楼来,清话达旦。文楼所业不振,明岁拟辍帐与余偕隐,余力辞之。

三十日　即阴历元旦

未出门,校阅《十三经地名索引》。

三十一日

午后至子桢家,同出访董克昌,同往紫琼处,黄焕昇来会。与子桢、克昌、紫琼同饭于新利查,征探春、映红。费席珍招观荀郎剧,比往已满座,遂退归。

二月

一日

在培孙家午餐。晚与文楼观电影于大光明。

二日

午刻,访朴安,略谈。朴安拟辞考试院委员,盖无可为也。晚餐于大西洋,费席珍主席。

三日

购得归佩珊手写诗词稿。检阅《牧斋集》。晚,倚翠招宴于大西洋。

四日

宴客于大西洋,到席珍、克昌、立人、志远、志行、探春、映红、倚翠诸人。

五日

席珍招观慧生演《绣襦记》。

六日

克昌招宴于南园。与文霞观慧生《小放牛》、《审头刺汤》。

七日

晚在新世界与则高、子嘉等闲谈。

八日

志远招宴于杭州饭庄。季平来。晚偕子桢同访季平。康修其来,同访积老,不值。

九日

午刻访朴安,决定常会期,即托龙飞代印请柬。访伯祥,不值。访振铎。

十日

振铎来,晚餐于大西洋,晤富八。夜谈志行家。

十一日

积馀来。

十二日

越然、韵斋、凤宾来。

五月

七日

偕王浩廷乘早车赴镇江,住一品香旅馆。吴孝侯自扬州来会,卸装后即往教厅,晤秘书姚鹓雏。继往民厅,晤厅长胡朴安,秘书胡惠生、林一厂等。惠生约同往中华楼晚餐,遇鹓雏及陈匪石。餐毕,偕惠生、匪石至云台山朴安寓所小坐。途次遇张冷僧,知住东亚旅馆,晚间往访,适已醉卧不能晤谈,甚怅。

江都吴福茨引孙测海楼藏书甚富。余主中国书店时,曾托李元之往问鼎福茨已逝世多年,其子少茨辈皆元之门人,未得覆。去年王锡生冒无锡图书馆名往购,拟价未成。今年一月为浩廷购定,计价三万四千元。锡生怀恨,因以该书多宋元旧刻,将出售于日本等词,朦请教育局扣留,浩廷乃请董授经撰状呈民政、教育两厅,并挽余来此代为疏通。

八日　雨

午刻到扬州,住天成旅馆。阅肆无所得,仅购《黄九烟遗集》等零星数种。邱绍周陪往茶肆闲话,晚餐于孝侯家。

九日

晨,绍周来访,浩廷不愿与之见,遂闭门不纳,颇觉歉然,迁住

绿杨旅馆。忆上海临行时,柳春校书依依惜别之状,率成一绝句:

> 离家三日如三月,回首家山去路赊。别绪已教春柳绾,北来仍住绿杨家。

十时许,孝侯使二区区长臧柳门来导往城外,啜茗于绿杨村,雇小舟泛瘦西湖。

> 山水应知故态狂,十年两度到维扬。却怜西子依然瘦,更喜他乡似故乡。

至小金山平山堂,购完白山人石刻拓本三种。孝侯顺流追及,同饭于小金山。复游徐园,摄影于萧梁铁镬之旁。至史公祠,则颓废不堪。晚饭后,枯坐无聊,命茶役导往花媛媛家,情话絮絮,黎明始归。

> 道是无情却有情,小楼闲话到天明。旅窗又结相思梦,赢得邗江薄幸名。

十日

返镇江,访惠生,知已将浩廷呈文录送江都县县长查覆。原文后加按语云:据此查书籍买卖原系一种法律范围内之自由营业,究属是何实情,除批禀外,合行发下书目六册,并抄发原附件一份,仰该县长即便妥慎明具报核夺。此令。书目六册查毕仍缴。

朴安则于昨晚往沪,途遇鹓雏及邱晴帆。乘快车回沪,到家休憩,晚与朴安略谈。

十一日

晨起得电话,知孝侯已到沪,住惠中旅馆,因偕浩廷往访,饭于新利查。下午介孝侯往访朴安略谈,朴安即以夜车回镇。夜访香君。

十二日

浩廷招午餐于新利查,有孝侯、授经、积馀及周毂人诸人。晚约孝侯、积馀、浩廷餐于晋隆。玉甫以接柬迟,未及来,授经已往苏州,亦未到。得圣华电话,知右眼为货车所损,颇惊讶,晚饭后亟往大庆里访之,不遇。往告香君,亦悬念不置。深夜访泉明,始订东篱之契。

十三日

上午访玉甫,未遇,折往南洋中学。公鲁招晚餐于聚丰园,有古愚、万平、慕琴、子褒、季直诸人。至慧娟处与德钦诸人聚谈,复与克昌同往香君处小坐而别。今日德钦遗失公事包,甚怏怏。

十四日

上午往南洋中学。下午泉明来,同往晋隆,约慕琴、香君同餐,餐毕,观《金瓶梅》图影片,复同往香君处小坐,送泉明回家。

十五日

上午至南洋中学。下午圣华来,以沙布蒙其一目,谓近日避居静安寺友人家,凄凉可念。泉明、德钦来,同往南园晚餐,即送泉明返家。

十六日

上午访泉明。下午约聚于中央旅社,为二度。

十七日

上午至南洋中学。与浩廷晚餐于晋隆。继母自盛泽来沪。

十八日

晨起往慕尔鸣路访蔡子民,知已迁居。十一时访侯保三福建代理教厅长,伴往南洋中学午餐,并参观图书馆。访俞凤宾,知肾病发,住疗养院,以电话慰问之。晚与克昌、子桢、永荃饭于好莱坞。夜十时,访子民于极司非而路新居,请其作札致教厅陈厅长。

孟钊先生厅长大鉴:径启者北平富晋书社,购入江都吴氏藏书,检书目所载均系普通版本,故售价不过三万元,迨因有人疑为宋元旧刊名钞名校，且有出售于日本之谣传，致贵厅有密令扬由关禁止起运之举，在贵厅保存国粹之盛情，良所佩服。惟富晋书社实未有转售于国外之事实，而测海楼书目中亦并无旧刊名钞可以指目。如蒙贵厅审核后，并无别种疑窦，尚祈饬关准其起运，以助成流通古书之业，想亦先生所许可也。专此奉商，并祝时绥。弟蔡元培敬启。五月十八日。

深夜访泉明，为三度。

十九日

偕浩廷乘午车往镇江，七时半始到，投宿一品香。阅报知顾鹤逸以十七日卒。车中阅《四部丛刊》影印之述古堂影宋钞《韩非子》，讹字连绵，不能卒读。

二十日

午刻至扬州，仍住绿杨旅馆。访孝侯。阅肆购《雷塘庵弟子记》、李二曲《历年纪略》两种。晚饭后孝侯来谈。花媛媛、余小宝、赵文卿相继来，三时始散。

二十一日

晏起，阅肆得郝注《竹书纪年》、李因笃评汉诗等。至大源盐公司访陶兰泉，兰泉新任大源总理，一见即曰："余已从淡水跳入盐水矣。"谈及昔年为张宗昌校刻唐石经，刻甫成而张败，顾谓陶曰："石经刻完，而我之勋业亦完，刻资已尽交君乎？"语罢黯然，盖不胜英雄末路之感。张本武人，不知书为何物，兰泉等劝之曰：十三经为千古不刊之物，他人翻刻宋板已足自豪，将军若翻唐板，真不朽之盛事已。张遂以数万金畀之。钱化佛昨日到扬，亦住绿杨旅馆，孝侯招晚餐，始相晤叙。化佛曾在大舞台唱戏十一年，不得志，遁而为画佛专家，到处开展览会，沽名取利，自以所画百馀幅，请王一亭、于右任诸人题咏，绫锦装潢，用以夸耀于人。有某君题辞，起句云"钱化佛佛化钱",可为绝倒。

二十二日

晨起,与孝侯、化佛、浩廷在同春园进茶点毕,同游阮太傅祠,荒芜不堪,且已租赁于黄包车公会,工人杂沓,斯文扫地矣。祠前有太傅撰书家祠记碑,四面刻。又有古井,分书题曰"文选泉",索拓本,均不可得。左旁有屋三楹,即文选楼故址也,有铁梅庵书额,题"隋文选楼"四字,栋折榱摧,阮氏之贫困者,盘据其中。楼前隙地,有古木奇石,太傅分书"文选楼"及其子福篆书"琅环"两石刻,悉委榛莽中。以太傅之德业事功,遗泽仅及百年。且其子孙有为律师、会计师者,颇著于时,乃使家祠颓败如此,可慨也。继至琼花观,额题"蕃釐观",乃其旧名也。大殿为救火工会,庙祝亡去久矣。神座前牛溲马矢不可涉足。殿前旧有琼花台,今迁于殿后,而局其门,须从观后县立中学入,乃可达。台上植牡丹数本,中植枇杷树,古意尽失,非旁人指点,则必疑为校中寻常花圃矣。五时抵镇江,至公园小坐,遇冯长公。九时十分抵南京,宿南方旅馆。

二十三日

晨起,访邱晴帆,晴帆适以早车行赴宝山任,不及晤。至祠堂巷十四号访黎觉人经诰,年六十矣,出示新撰《韦江州集注》。黎公耄年嗜学,惜失之陋。阅肆得郝懿行笔记、诗文词集十六册,为刊板未毕工时初印本,今通行本《郝氏遗书》中无之。又得黄文旸《扫垢山房诗钞》四册。余昔年校印黄氏《曲海总目》,以未悉黄氏生平为憾,今得此书可考知其行略,真快事也。游夫子庙,聆萧瑜、陈怡红诸人歌。

二十四日

晨起,阅肆购零书数种。乘午车至镇江,即转赴扬州,赴孝侯晚餐之约,同席者公安局长安兆伯,教育局长陈兰舫,党部主席委员唐叔眉,秘书汪二邱及周毂人之子绩成等。餐毕,孝侯、二邱送余至旅馆,招小宝、文卿诸妓,闲谈至三时始散。

二十五日

至富春园进早点。十一点至实验小学,晤校长张幼虹。今日化佛在此开佛画展览会,孝侯诸人皆任招待。余预定今日回沪,化佛及江都诸友强留余再住一天,余以上海端节事忙,不别而行,抵沪已夜半十二时矣。访泉明,宿其家。

二十六日

偕泉明及浩廷午餐于晋隆。偕泉明访香五。偕浩廷浴于温泉。晚间克昌招宴于探春处。乘永釜车返家已十二时矣。

二十七日

晏起,访香五。与泉明、友兰晚饭于南园。复往友兰、赛春楼两家小坐,送泉明归,为五度。

二十八日

访伯祥,同赴新雅午饭。与继母、文霞晚饭于功德林,观剧于大舞台。

二十九日

至泉明家午餐。访培孙,嘱为吴孝侯事致书民厅。永荃招宴于友兰家。与泉明观大舞台剧,宿其家,为六度。

三十日

上午访振铎、伯祥,同饭于新雅。

一九三一年

一月

一日

　　午刻与朴安宴客于皇宫，到三十人何柏丞、王长公、姜亮夫、高君定、丁仲祜、徐积馀、周梦坡、黄宾虹、顾鼎梅、潘兰史、胡寄尘、董鼎三、谭禅生、殷芝龄、陈柱尊、伍仲文、郭步陶、李续川、庄通百、朱尊一、汪叔贤、杜定友、陈微明、陈志进、吴孝侯、曹蘅史、朱叔屏、陈天予、童心安及其兄，到而即去者三人周由厪、周越然、严濬宣。自昨晚发热后，头痛身疲，今日力疾就餐仅进一汤而已。朴安亦病，不能进食，客多主病，颇以酬应为苦。饭后倩叔屏为余改方，并为华阳君诊治。四时与孝侯同访培孙，晤北平律师林斐成。晚罗星薇来。

二日

　　偕孝侯往胡寄尘家午餐，道静出示近作《詹何传》、《公孙龙子考》。饭后偕孝侯、寄尘至虹口公园绕行一周，归家已五时矣。访朴安，晤董鼎三。孝侯来，同赴星薇太平洋之宴，同座有梁国祥、赵式如及其侄宝初，陈景先、仞先昆弟。继往新世界赵式如寓，晤翟毅夫。十二时辞出，往探华阳君病，归家已三时矣。

三日

　　上午孝侯来，同访朴安。午刻与朴安同赴积馀功德林之约，同座有吴寄尘、丁仲祜、童心安、恽季申、金诵清诸人。梁国祥约午餐，未往。晚与孝侯宴客于皇宫，到董鼎三、沈田莘、沈骏声、林斐成、胡寄尘、翟毅夫、赵式如、罗星薇八人。餐毕往新世界，穆子来，久谈。

四日　阴

上午访管际安。下午孝侯来。星薇招饮于都益处。与式如至少卿、谭笑鸿处小坐，继至新世界，美娜来。

五日　雨

午后访孝侯、星薇，均不值。晚饭后孝侯来，谓将乘夜车赴镇。

六日

上午星薇来。下午至科学社参观书版展览会。五时至古玩商场访苏柏如，知史祥生逝世已逾三七，今日拍卖其所藏古玩，为之怆然。华阳君竹战无厌，屡戒不听，勃谿达旦。

七日

下午回家得俞凤宾讣。至来青阁古玩商场。

八日

午后至来青阁、富晋书社，归家校阅《测海楼书目》卷四。

九日

午刻汉英来，托其印《侯忠节集》样张。

十日　奇寒

午后至来青阁，取残本《皇明经世文编》、原刻《定山堂集》，归家披读，并查缺卷。

十一日

午刻谭禅生招宴于皇宫。

十二日

八时起，上午排比《测海楼书目》竣事。下午观《闲花泪》，华阳偕。

十三日

《测海楼书目》、《禁书总录》两种皆脱稿。终日未出门。

十四日

文霞来,与之同归。灯下读《遂初堂集》。与汉英讲定排工连纸板每叶九角。

十五日

午刻石子来。去年剪碎《越缦堂日记》弃置久矣,今始为之排比。晚至来青阁,知今日售去宋刻《梅花喜神谱》。

十六日

午后至鸿宝斋查《观堂遗墨》印件。晚观剧于光华,与华阳俱。

十七日

早车往镇江,下午二时到,晤星薇。至民政厅晤惠生、心安、际安诸人。宿大华饭店。

十八日

十一时乘车至苏州,遍访各肆无所获。培孙已于昨日回沪。访济沧,亦未遇。宿新苏饭店。凤宾今日在沪举殡,不能往吊,甚怅怅也。

十九日

游怡园。饮于桂舫,晤赵学南、王念慈、王慧言。七点二十分乘车回沪。

二十日

观《蒙脱卡罗》于新光。编《越缦堂读书记·集部》。

二十一日

上午编《越缦堂读书记·经部》。午后访培孙,出示新得尹嘉铨《偶然吟》。归家得胡寄尘诗札。

二十二日

写定《读〈穆天子传〉校记》。晚饭后微雨,偕华阳君理发。

二十三日

下午至商务印书馆,晤振铎、伯祥、予同、圣陶,饮于新雅。编《越缦堂日记·史部》。

二十四日

孝侯来访,不值。振铎约晚餐,以雨未往。

二十五日

上午访张尊孙,晤均卿、砥成。李佑丞约尊孙、竹三、雅初及余至陶乐春午饭。晚餐于皇宫,到尊孙、惠生、孝侯、星薇诸人,华阳从。

二十六日

惠生来午饭。惠生约晚餐于共乐春,座有长公、寄尘、久安、尊一。大雪祈寒,孝侯强拉余同乘夜车往镇江,固辞不获。

二十七日

至镇江,天尚未明,宿大华饭店。作札致培孙、石子。孝侯介绍赣榆人孙子丰来谈。

二十八日

午饭于万盛园,招惠生、心安。翟毅夫、赵式如约晚饭,同座有汪炎午、余协中诸人。式如将随其兄赴扬中县。新任协中,研究史学,曾为南开教授,在镇江六月,非其志也。

二十九日

余与毅夫、孝侯具柬,招金□□、葛□□、侯葆三诸人午餐于区长补习班。星薇到镇江,丽青约同晚餐,晤丹阳公安局局长邹汉卿名务三。

三十日

汉卿邀游丹阳。以九点四十分车行至丹阳公园,观唐太和钟、梁太祖文皇帝神道石刻。党部程太阿、左元白、一区区长张轶西来谈,饭于鸿运楼。寻先伯绥甫公宰丹阳时遗迹,不可得。四时后回镇江,至中泠泉,为王仁堪所修复者。旁近有奇石一堆,相传为郭璞墓。省政府金秘书长及朱锡百、葛建时、于洪起,字范亭三秘书招晚餐,各厅秘书、科长到者二十馀人。

三十一日

乘早车回沪,五点半到。

二月

一日

晏起疲甚。归家编定《测海楼书目》附录。

二日

上午庄通百、夏宝林来。以《梅花百咏》、《集古录目》、《海门集》三种托夏宝林装订。下午修面。孝侯来,未晤。访君定,知石子已回张堰。

三日

上午访培孙。积馀约晚餐,到徐行可父子、王福庵、姚虞琴、刘植之、褚礼堂、刘公鲁、罗子敬、鲍扶九、宣古愚,宾主共十二人。

四日

五日

与行可、石麒晚饭于春华楼。

六日

行可约午餐于春华楼。晴寒。访授经，未晤。

七日

以《古学汇刊》本《越缦堂日记钞》加入所编《越缦堂读书记》中。竟日未出门。

八日

上午摘钞《尧山堂外纪》中论曲诸条。约骏声晚餐于皇宫。

九日

校《元人小令》前半。

十日

上午文霞托富晋书社夥友交来钥匙三个，知有变，急驰回省视，知文霞已于昨日携子女婢媪席卷出亡。午后得董俞电话约谈，因以四时往，逾时文霞亦到，董俞与余极力劝其回家，晓以利害，卒不从。文霞屡次席卷出走，视家庭如儿戏，今日之别殆成永诀。十三年患难夫妻，乃如此结果，坐看其堕落而无法挽救，平生痛心之事，当无逾于此者矣。

十一日

与董俞、华阳君晚餐于皇宫。时董亦与其妻江氏离婚，彼此谈及，相对惘然。

十二日

至南洋中学，培孙约余孤身住校，任图书馆事。孝侯约晚餐于言茂源。

十三日

华阳君移住新闸路寓舍。

十四日

从骏声处取回《越缦堂读书记》稿。晚餐于谭笑鸿处，与华阳君偕归。

十五日

　　介绍人张顺兴来,知文霞之妹住酱园弄,彼此私相往来,勾结而成此剧。文霞与余同居十三年,虽柔婉可怜,而貌顺心违,绝不以余为心腹。自其妹离婚为娼后,余即劝其少与亲近,竟不听吾言,成此结果。同居之爱贵相知心,心既背驰,则虽日夕拥抱,亦了无意义矣。偕华阳君赴蓉仙处晚餐。

十六日

　　晚饭后至蓉仙处小坐,归途遇雪。

十七日　阴历元旦

　　与华阳君对坐竟日。晚至夏令配克看影戏,剧名《同乐会》。

十八日

　　整理架上书,终日未出门。

十九日

　　华阳君返八仙坊寓。晚访授经、德生。

二十日

　　下午访吴之屏,继访董俞。董约文霞,竟未来。

二十七日

　　文霞状请特区法院调解,今日上午九时开庭。推事周达仁。文霞偕郑圣休律师来。圣休语余云,此事乃陆鼎揆所办,今日陆赴苏州,故代为出庭云。

二十八日

　　访吴德生,托其与鼎揆协议调解。晚餐于南园,到子嘉、景熙、鸣岐、襟亚及则高夫妇。

三月

一日

与鼎揆晤于吴德生宅,谈判决裂。下午至子嘉处,遇王振川,同餐于皇宫。谈及去年文霞患芒肠炎,命在俄顷,余与振川深夜护送,赴广仁医院剖腹,得保生命,今乃对薄公庭,有若宿仇,不胜浩叹。

二日

上午访惠生,知文霞于昨日来此托惠生调解。因同往新世界饭店,辟二百五十一号房。惠生复亲往清节堂招文霞来,谈妥条:(一)赠现金六百元。(二)福鑫里屋仍归文霞继续居住。(三)家具除书箱书架外,尽赠文霞。晚十二时签约,董俞、费席珍二律师为证。与华阳君同宿于新世界。

三日

至福鑫里搬取书架、书籍,运往八仙坊。

四日

访费席珍,托其呈院备案。深夜访大雄,知文霞事乃出授经指使,奇哉。

五日

访董俞。半月以来因文霞之变,心绪不宁,至今日始将书籍整理,粗可安定矣。

六日

与华阳君往卡尔登观电影,剧名《陈夫人最后之一吻》,命名甚奇,似为余发。与星薇、孝侯、协中晚餐于皇宫。晚华阳君病剧。

七日

朱叔屏来,为华阳君治方。星薇来。修其来。

八日

上午汉英来。下午罗星薇、邹务三来。晚韵斋来,蓉仙来。叔屏来,为华阳君覆诊,并为余处方。

九日

病稍愈,华阳君病亦减。昨、今二日未出门。

十日

午后至商务印书馆,晤振铎、柏丞、伯祥、予同。

十一日

午后访培孙,同往玉佛寺听谛闲讲《首楞严经》。

十二日

午后听经。

十三日

午后听经。晚与华阳君至谭笑鸿、珍妮两处小坐。

十四日

午后听经。

十五日

伯祥、振铎、云彬来午饭。访石子,已回松江。晤君定,略谈。晚饭后康甫来,因张、蒋讼事,叔驯已起诉,而縠孙尚在北平,因托我谋应付,长谈至后夜,四时始去。

十六日

下午一时起。汉英来。晚康甫来,同往费席珍处,托其为縠孙出庭。

十七日

移住南洋中学,在培孙家晚饭。

十八日

回住八仙坊。

十九日

九时到校。下午访寿祺,未晤。取万年历二册,值四元。文霞事呈请特区法院备案,今日得批。晚毅孙、康甫来。

二十日

十时到校。下午至费席珍处。继往毅孙处,观其新购黄小松载书图册、访碑图卷,龚定庵书癣词卷,董美人志。毅孙约余及白坚甫、秦康甫同餐于陶乐春,征花甚多。继往苏云、映红两家小坐而散。今日见康甫之尊人子质先生,年七十九矣,精神甚健。

二十一日

九时到校。晚康甫来。

二十二日　星期

午刻,康甫偕辰州人周湘生来谈。湘生善书画篆刻及祝由科诸伎,又能赶尸,凡初死者,可率其尸行数百里,使回家成殓,真奇闻也。与华阳君、蓉仙、凤弟至半淞园。孝侯招晚餐于觉林,罗星薇、程书斋南汇六区区长同座。

二十三日

包胜才来。

二十四日

九时到校。

二十五日

十时到校。晚与华阳君访康甫,不遇。观电影于光华,剧为阮玲玉《情欲宝鉴》。

二十六日

未出门。天雨,大风。

二十七日

十时到校。下午与张明德看小木桥屋。孝侯来,同往皇宫晚餐。白坚甫招饮于聚丰园,继至吟鸿、映红家小坐。

二十八日

上午至俭德银行,晤其经理柴传贵。下午偕培孙访陈洙泉。

二十九日

下午至馆,晤张明德。李子盫、顾吉盫来晚餐。

三十日

上午陪华阳君至上海医院诊视。君病多日,医药无效。昨晚李子盫来,云须移床即愈,并择定今日一时移动。因准时移之,病果愈。

三十一日

至校。租定外日晖桥张姓屋五间,月租六金,付押租七十六元。张扶万来函,由民政厅转到。

四月

一日

与华阳君至外日晖桥看新屋,饭于图书馆。继至龙华,晚饭后同剪发。

二日

与周子祥等晚饭于馀丰泰。贾子钦来,不值。

三日

上午张扶万来,以拓本两种见赠。晚与华阳君同出,访孝侯于惠中旅舍。

四日

孝侯约晚餐于皇宫。午夜与华阳君至巴黎、大东两舞场小坐。自与君同居以来，未尝至舞场，今日始发兴往游，归家已二时。

连日整理什物甚忙，未写日记。

九日

迁居小木桥张家宅赁屋。

十日

天雨，未出门。

十一日

十二日

罗星薇来约余与华阳同赴租界。邹务三约餐于大西洋。务三因丹阳局事不易办，欲恳余赴镇江为之谋迁移。是晚宿新世界饭店。

十三日

十四日

得毂孙函，因驰往租界访之。毂孙属代约席珍同餐于古益轩。是晚与康甫同宿一品香。

十五日

幼楚自松江回，为余觅得一女佣。

十六日

下午访毂孙、席珍。幼楚偕方君来。

十七日

未出，连臣来。

十八日

晨起,整理周刊十四期稿。

十九日

与华阳散步外日晖桥,观南中学生运动会。

二十日

与华阳午餐于皇宫,晤浩廷。蓉仙、凤弟及丁家老四随余等来小木桥闲步陇亩,从乡人买菜盈筐,四时半去。

二十一日

二十三日

星薇来。

二十四日

上午星薇、务三来。下午与华阳赴租界,约星薇、务三及韩云浦,晚餐于皇宫。宿惠中旅馆。

二十五日

孝侯来。午刻返寓,下午大雨。

二十六日

上午至校,遇刘土木、吕仁一。晚与华阳君同出,餐于南园。

二十七日

星薇来,同出晚餐于大三元。宿于惠中。

二十八日

上午至特区法院,观张、蒋讼案开审,未见。下午偕华阳君及星薇赴镇江,宿大华饭店。

二十九日

上午至民政厅,晤朴安、惠生、心安、毅夫,即在朴安家午餐。下午往南京,至中正街一带觅旅馆,皆无馀屋,天又大雨,甚怅闷。

宿安乐酒店。

三十日

迁住大安旅馆。晚至天韵楼,晤王伯雷。

五月

一日

早车回镇江,与华阳君及惠生、古含、际安、心安午餐于万盛园。午后与华阳君及星薇三人游竹林、鹤林、招隐诸寺,风景绝似杭州。晚车回上海,宿新世界。

二日

上午回家。下午访毂孙。

三日　星期日

在家整理书籍,未出门。

四日

上午姚石子来。下午偕石子、培孙及华阳君步行至龙华,培孙留茶肆小憩,余等三人登浮屠绝顶,归已傍晚矣。

五日

下午与华阳君观三年级游艺会。

六日

七日

午后访毂孙、席珍。道遇洪杏锦,同饭于皇宫。饭后至珍妮家小坐。毂孙、坚甫相继来会。归已十二时矣。

八日

九日

早偕华阳君至龙华买菜。午刻,白坚甫、秦康甫来。

十日

午刻,周由廛、越然弟兄来,午饭后同至图书馆小坐,别去。夜间发大寒热。

十一日

病卧终日。上午韩云波来。

十五日

连日为湿气所困,疲惫不堪,今日稍苏。上午偕华阳君同往朱叔屏处诊视,饭于皇宫。与毂孙、康甫等晚餐于(原稿如此,似未完)。

二十日

白坚甫约晚餐于陶乐春。以所辑《思适斋题跋》稿售于毂孙。

二十三日

偕华阳君赴租界,访席珍。宿于惠中。晤云波、星薇。

二十四日

云波邀午饭于聚商馆。上午访苏柏如。晚餐于皇宫,到云波夫妇、莫荣泉夫妇等十馀人。观荀慧生演《盘丝洞》。

二十五日

莫荣泉夫妇邀晚餐于大西洋。观慧生演《鱼藻宫》。

二十六日

归。昨日积馀远来,未值为怅。

二十七日

上午白坚甫来,持镜拓本见赠。下午至租界即返。韵斋来,适不值。

二十八日

二十九日

　　幼楚偕其妹夫陈乐三来。

三十日

三十一日

　　与华阳君观电影于黄金,剧名(原稿空格,剧名未记)。至来青阁,遇谢光甫及伯祥、圣陶。

六月

一日

二日

　　姚叔达将往北平,为作札介绍见胡适之、袁守和。又为李通作函介绍见邱晴帆。

七月

十三日

　　下午与素真赴租界,住惠中旅舍。观剧于新光。

十四日

　　图书馆以今日起休假。至引翔港访周钧儒。在来青阁购得《江氏音学十书》王雪澄旧藏,晚餐于皇宫。

十五日

以所辑《越缦堂读书记》稿共九百卅七种售于富晋,得三百元。晚观林如心《雨过天晴》影戏,遇丁氏阿四,同访蓉仙不遇。午夜,蓉仙、凤弟来访。

十六日

上午自惠中返小木桥寓舍。

十七日

在校午餐。福渠约阴历初十后,作普陀之游。

十八日

素真病,招邻居张医诊之。

十九日

陈立功来,同至校中午餐,晤立才、圣一、甬人阮君及邻居唐氏,均以讼事就商。素真再服张医药,病渐愈。蓉仙、诸黎明来,即去。

二十日

天热,未出门。

二十一日

下午赴租界,访景熙,购什物而归。

二十二日

下午偕素真观《驯悍记》,至花彩舫家小坐而归。

二十三日　雨

二十四日

富晋招余及马隅卿午餐于大西洋。隅卿以新印《永乐大典戏文三种》,《□□词》为赠。报费二元正,女鞋二元正,车一元正,收八十元,付车二元。

二十五日　雨

病卧终日。

二十六日

与素真冒雨至租界，住惠中旅馆。请朱叔屏诊。观《两性之冲动》影片。

二十七日

上午服药。下午访蓉仙，同餐于功德林。

二十八日

终日在蓉仙处。

二十九日

天热枯坐旅馆终日。星薇来，振铎来。晚饭后至大世界，观小高尔夫球。

三十日

至中国书店，知颂清之母以午刻逝世。晴帆、伯祥、振铎来访，同往皇宫晚餐。

三十一日

回小木桥寓庐。

八月

一日

陈立功来，云席珍新任法捕房律师。授经招晚餐于中社，到菊生、纯孙、叔雍、骏声及日人长泽规矩也、桥川时雄。遇曹仲渊，别三年矣，近自美归，寓居中社。

二日

仲渊来，同往培孙家小坐。

三日

访福渠,略谈。

四日

六时起身,写行楷及篆各二纸。图书馆今日开馆。

五日

热甚,午后微雨。

六日

早张扶万来,云将赴北平。

七日

十日

至振铎家午餐,同座有赵斐云、何柏丞、王伯祥诸人。斐云、振铎本定今日赴甬,饭后同赴宁绍码头,知甬轮阻风不开,因折回惠中旅馆,同晚餐于皇宫。

十一日

至惠中访斐云,知已赴甬矣。访芹伯,以避暑他出,未遇。至茶会,阿法云有宋版书,约明日取来。

十二日

与素真同出,至茶书①见宋元留真子部一册,黑口本《明太祖集》一册,乃陈仲强物。晚饭于大三元。夜游明园,归已二时矣。

十三日

十四日

陈达强携来洪武刻《明太祖集》及宋元书二四巨册,乃张岱

---

①原稿如此。

杉物。

十五日

　　以书二及《明太祖集》售于越然,值一千八百元。晚间仲渊招宴于中社,未去,饭于皇宫。

十六日

十七日

　　上午晴帆来。至租界,存款于上海银行。购什物归。达强来,约明日至天天酒家谈话。

十八日

　　与达强、仲强晤于天天酒家,复约晚餐于皇宫,仲强未至,折至虫二阁处小坐。

廿二日

　　与素贞及徐幼楚赴松江,饭于幼楚妹夫仇复生家。午后游醉白池,相传为王时敏故居。访钱选青,未遇。

廿三日

　　访曼青。午后访选青于沪寓,未遇。

廿五日

　　上午再访选青,仍不遇。晚间授经约余及赵万里、郑振铎、刘翰怡、瞿□□,饭于中社。是夕疾风骤雨,止宿于惠中旅舍,大新街等处水高五六尺。

廿六日

　　午刻与万里饭于皇宫,午后归。今年各地水灾,上海亦有危急之虑。天放拟将图书馆书迁于楼上。

廿七日

　　万里来。

廿九日

积馀招午餐,到万里、授经、振铎、宾锜、演生诸人。罗星薇、邹务三来,未晤。

三十日

上午星薇、务三来,同往大中华饭。豹军、孝侯来,会餐于大西洋。是日宿中央饭店。

三十一日

上午晤云波,午刻回。

九月

一日

二日

与素真同出,止于大中华,招叔屏诊。越然为振铎饯行,余本欲往,因傍晚大风雨,遂止。

三日

服药后寒热终日,晚伯祥、振铎来谈。

四日

寒热□退,冒雨回寓。

六日

病□□□,灯下为石麒题《读史管见》残叶,作七古一首。

八日

上午石子来。

九日

上午至石子家午餐。即同往访朴安,已于昨晨回镇江,未晤。游叶园。傍晚与韵斋同入餐霞之室,是平生初试,归已八时矣。

十日

午后坚甫来。晚与坚甫、素贞餐于古益轩,招虫二阁。在十八路电车中失皮夹,临时发觉,呼捕停车搜检,竟失而复得,犒捕四元。

十一日

地藏生日,偕素贞满庭插香,子夜始寝。

十四日　阴雨

欲出门,未果。

十五日　雨

十六日

上午至来青阁,得戚学标稿本一册。借《文瑞楼书目》稿本一册。

十七日

偕素贞赴租界,请叔屏诊。观殷明珠《东方夜谈》影戏。

十九日

访穀孙,得顺治三科进士履历。

二十日

二十一日

访穀孙、越然。

二十二日

偕素贞至蓬莱市场。

二十四日   雨

二十五日   雨

二十六日   阴历中秋

二十七日

偕素贞午餐于大三元。观琵琶但妮儿《女贼》于巴黎。自打浦桥步行归。

三十日

偕葛小厂、方、徐诸人同访相士亚飞熊。

九月内共收三百三十八元，共付六百九十五元。

十月

五日

偕素贞赴租界，宿神州旅馆。家用卅元，收中国二百元。

六日

回。日本兵舰大队来沪，谣言蜂起。南洋中学以今日起放假。

七日

与中国书店合购传奇六种，价千元。

八日

九日

偕素贞赴租界，住神州旅馆。

十日

则高、襟亚约晚餐于豫丰泰。

十一日

（本日日记无法辨识。）

一九三三年

一月

十五日　星期日

终日雪，未出门。校近人墓志数叶。古人志墓之文皆工楷，近年则杂以行草，且甚草率。如《庄赓良志》"恩"字误刻作"思""感荷恩遇"句，可谓草率之尤甚者。叶菊裳志陆文端，长二千馀言而未记生卒年月，何耶？

十六日　星期一

晏起，周越然来。葛咏莪来。天大雨，稍暖。文求堂寄来明刻《牛郎织女传》凡四卷，无序目，题书"林仙源、余成章梓"，颇古雅，越然属为代购，值一百五十元。

十七日　星期二

晏起，石子寄到钞本仲瞿诗。校墓志数叶，《夏在华志》最平庸，"及"误作"反"、"段"误作"叚"，书者陈重威之误耶？刻工杨中孚之误耶？

十八日　星期三

晏起，杭州经训堂书店寄到《西来意》，惜仅前半部，余旧有《西来意》上半部，后从费敬庵处购得下半部，复从潘氏子孙购得

《渚山楼诗集》，合装为十册，售诸周越然。去年闸北之劫，《渚山楼诗集》罹于火，独《西来意》幸存，今日经训堂寄来之前半部，与费氏之半部为原配，纸色大小皆合，因亦归于越然，惟《渚山楼集》则天壤间种子绝矣。曩年仅抄出《诗馀》一卷，当为刊行之。

二月

八日　星期三

得田中函，允以《育德堂外制》借印。

与素真晚餐于新雅，至来青阁取得戴重《河邨文集》、程同文《密斋文集》、冯志沂《西隂山房集》三种。

在来青阁见一旧刻《稗史续编》，共四卷，题"金陵吴翔凤鸣冈辑"。取归细审之，乃即《觚剩续编》也，殆坊贾得其板而妄改者。

二十六日　星期日

晏起，杂观诸家文集。

藏书掌故二则：

田雯《贵阳府学藏书碑记》云：贵阳有学，明万历间黔抚郭公青螺于平播后创之。而黔学之有藏书也，亦自青螺始。岁既久，学且圮隳，书亦煨烬……。余自戊辰入黔……，逾三年辛未秋，以忧去。将行矣，巾箱中有书如干种，凡数十百卷，皆著目，留之学宫桭藏庋载，令学官掌之。

陈维崧有《征赎十三经、十七史毛氏书板启》，自注云：毛氏板时在洞庭，席姓质库中，兹约人出三十金赎，后印书人酬以全书两部。

二十七日　星期一

临睡阅《澹生堂集》，摘一则：

戊午二月初六日，从王廑父借得《会稽掇英集》，乃阁中宋本，真不减赵子固见定武刻，漱手展玩者竟日。

君定来，文求堂寄来宋刻《育德堂外制》。

访芹伯长谈，并约和庭为余画册页十六幅。

赵文敏旧藏《汉书》，罗纹纸印，王世贞得之吴中陆太宰家。卷首有文敏及弇州两像，牧翁以千金得之，后转售于四明谢象三。顺治间归新乡某公，近已携往塞外。宋荦《筠廊偶笔》下注阮亭云：余乡张忠定公蓄宋椠《文选》，构宝选斋贮之，亦号"萧斋"。

一九三五年

六月

八日　星期六

午刻公鲁、静安来约,同往摄影,余方高卧,未能从也。

以《国史经籍志》寄还行可。此书有钱塘徐象橒刻本,许自昌覆徐本。万历壬寅山阴陈汝元刻本最早,粤雅堂本据钞本刻,有脱讹。三时,偕宗礼白往南洋中学图书馆,观《观古阁泉拓》。五时,高君定来谈。晚赴陈霆锐女公子庆云女士喜筵。

晚饭后往礼白家看书。有嘉靖本《礼记注疏》,半页十行,行大十六七字,小二十三字。孔序后有木记,长方形,分书二行,曰"建安刘叔刚宅锓梓"。又有劳季言、吴兔床诸人抄校书,皆陈立炎所赝作者。天翁夜来。

九日　星期日

宴起。天大雷雨,国瑾夫妇来。

一九三八年

余用商务印书馆所印国民日记已六年,今年购之不获,乃改用此簿。据馆中人云:今年日记由香港印刷,其寄至上海者仅一千册,本馆同人分得二百馀册,本市两分馆又分去二百册,故门市所进实止五百册,不二日已馨矣。

一月

一日　阴历丁丑十一月三十日　星期六　晴

午刻起,晚至来青阁借洋拾元。自有生以来度岁之窘,未有如今年者也。本市有炸弹四处,一在三马路石路口,伤日兵四人及行人二,其馀三处皆在日商纱厂附近。

二日　阴历十二月甲午朔　星期日　晴

一时起。终日未出门,阅《四库提要·史部》竟。

三日　星期一　晴

十一时起。午刻至开明书店,与伯祥长谈。归途绕南京路,见各业萧条,有凄然之色。晚访石子、君宾,皆未晤。便道过孙道始家,谈至十时半始归。

四日　星期二　晴

午刻起。得吹万函,约往聚谈。以晚饭后往晤吹万及其子君藩、君介。

五日　星期三　晴

过午始起。穷愁苦闷，殊乏兴趣。吹万、君宾来。

六日　星期四　晴

过午始起。装火炉。石子来，带交钞洋百番，乃君定假我者。

七日　星期五　晴

午刻起。往来青阁还寿祺借洋二十元。勤庵晚来，取去《十通》一册。往年贫则卖书为活，有时无书可卖，亦偶一称贷。今年则有书不能易钱，而诸故人皆破家流离，遂致呼吁无门，伤哉贫也。圣人以箪食瓢饮为贤，若使颜子居长安市上，亦能不改其乐乎？

八日　星期六　晴寒

未出门。

九日　星期日　晴

午后访陈端志、胡寄尘。寄尘父子借住卫聚贤家楼下客室中。道始、伯祥来，不值。

十日　星期一　晴

午后至商务印书馆，与由廛、越然长谈。五时出，欲访伯祥不及。晤雪村。访道始，遇霆锐。拉徐小弟夫妇同饭于羊城酒家。晚饭后访天翁、养初，午夜始归。

十一日　星期二　阴

过午始起。夜至来青阁，以电话致端志，值其出，未能接谈。

十二日　星期三　晴

过午起。剪发。由廛、越然约饮于高长兴，以四时半往开明邀伯祥同赴，章雪村、夏丏尊、王统照亦往高长兴，分桌而饮。夜访端志，知顾子刚以昨日逝世，今日大殓，而端志因奔走致劳，寒热大作。

十三日　星期四　阴

晚出,至来青阁及李子盦处。访谌则高,不遇。归途过尊德里,与刘翰怡聚谈甚欢,盖不相见者三年矣。

十四日　星期五　晴

李子盦来为蓉仙相宅。晚与毓英及吴女听书于东方。周越然来。

十五日　星期六　晴

晚至来青阁,遇张伯岸。庞虚斋嘱养初来邀,未晤。

十六日　星期日

午刻起。至养初家,同访虚斋。晚至公度处,以电话约端志同饭于冠乐。饭罢,复在端志家小坐,乘汽车归。

十七日　星期一

晚出,以电话约端志会于东方书场。同至东方食品公司小坐。虚斋欲赴南浔探视,故托端志与日人木村重接洽。

十八日　星期二

天雨,精神颇惫。旁晚访养初,不值,在天翁家候之,亥刻始见,略谈数语即归。天大雨。上午五时,老友胡寄尘怀琛逝世,年五十二。

十九日　星期三

养初来,同访虚斋。

二十日　星期四

至庞家。木村本约定虚斋以二十三日上午同往南浔。今日庞氏家人有自浔来沪者,谓南浔驻军已退,家中书画什物百不存一,故不拟再往探视。往告端志,同饭于冠乐。晚访翰怡。竟日雨。四川省政府主席刘湘卒,年四十八。湘字澄甫,四川大邑人。

二十一日　星期五

沈有壬来。访养初,坐一时许。归途访谌则高,未晤。

二十二日　星期六　晴

上午端志遗书责庞氏背约,嘱备礼品送木村。即往与端志面谈,再至养初处拉其同往庞家。虚斋检旧作仿梅道人树石小幅,嘱转赠木村。此七日中专为虚斋事,冒雨奔走,卒致无益于人,无利于己。木村、端志皆庸人,乌足以赏虚斋画耶。夜访端志、则高,均不遇。

二十三日　星期日　晴

越然来。头痛未出门。夜煮药。

二十四日　星期一　晴

沈有壬来。夜至中国书店及养初处。

二十五日　星期二

访则高、颂清,不遇。晚至中央饭店小坐。

二十六日　星期三

夜访端志。

二十七日　星期四　晴寒

访东迈,不遇。至九华堂购笔。来青阁小坐。

二十八日　星期五

至勤安处取回《十通》一册。途遇寿祺购物而归。晚雪。

二十九日　星期六　大雨

终日未出门。

三十日　星期日　阴

培孙自常州间道回沪。晚出购食物即归。

三十一日　星期一　阴

阴历戊寅元旦。下午至曹仲渊家访培孙,晚饭后归。家在、家福来。

二月

一日　星期二　阴

未出门。

二日　星期三　晴

下午访胡朴安,复至来青阁小坐。

三日　星期四　阴

未出门。

四日　星期五　立春　雨

白蕉招饮于东亚酒楼,送陆丹林、简琴斋赴香港,同座者吹万、石子、粪翁、灵犀、公愚洎顾青瑶女士。

五日　星期六　晨雪午后阴

钱化佛招茶会于佛教医院,听杨翁鼓琴,到者任筱珊、宋雪琴、蒋竹庄、夏自怡等十馀人,摄影而散。过中国书店小坐。养初来,不值。

六日　星期日　晴

午后绕三马路步行一周,途遇越然昆仲。

七日　星期一　晴

午后至大陆银行结账。访培孙长谈。途遇胡道静。勤庵来,为余售去《四部丛刊》残本。

八日　星期二　晴

午后至古玩市场,遇童心庵、洪承德。至开明书店、千顷堂。灯下填《金缕曲》:

　　意气空奔放。盼捷音、飞来天外,举头凝望。人道兵来宜将挡,杯水车薪较量。总胜算难操为怅。父老妻孥同一哭,驱健儿、尽向沟渠葬。掩耳走,心魂荡。

　　却馀一事萦心上。且莫谈、室家焦土,民生愁况。孤岛寓公多豪兴,歌舞欢腾衢巷。只剩我骨头穷相。老守儒书难救国,更饥肠阁阁如蛙唱。求早死,偏无恙。

九日　星期三　晴

未出门,为公度写钞本《伤寒论翼》跋:

　　柯韵伯《伤寒论翼》二卷,初刻于康熙丁巳,余尝求其印本不可得。金山何君公度湛深医学,尤富庋藏。偶出此册见示,则影钞康熙本也。相其纸墨,当在乾隆以前,可知原刻本在当时已难得矣。卷中朱墨批注甚多,不审出谁手。以马骧北重刻本校之,大抵相合,殆即马氏校改之原本欤。学者重刻古书,好以己意窜改,骧北亦未免此病。近代坊刻,皆以骧北本为依据,微此册之存,则柯氏原文将何从而见之耶。戊寅立春日陈乃乾假读并题。

十日　星期四　晴

在来青阁遇葛小厂、余大雄。访公度,同饭于冠乐。夜至中央。

十一日　星期五　晴

访进高,未晤。至安凯第商场,遇吴静庵。

十二日　星期六　晴

午后访夏自怡,旁晚归。

十三日　星期日　雨

至胡朴安家午餐,到尹石公、童心安、黄蔼农、管际安、胡惠生诸人。余与石公别十年矣,相对欢洽。闻孟纯孙客死北平,年七十馀。庞虚斋招晚餐,以六时半往,同赴沙利文。夜煮药。

十四日　星期一

昨日潮热特甚,奔走雨中,颇受冷风,晚间又为炭气所灼,今日遂病不能兴。午后招公度来处方。

十五日　星期二　雨

勤庵来,携去《别号索引》十册。夜访养初,不遇。至天翁处,略坐而归。

十六日　星期三　雨晚晴

未出门。

十七日　星期四

天翁来午饭。访石公不遇,后晤于新雅。袁树珊为余批流年,谓今年正、四、七、十月须忍耐,馀月至善。

十八日　星期五

石公来。访古愚,不值。与石公晚餐于杏花楼。

十九日　星期六

范成和尚招余及石公晚餐于觉园。

二十日　星期日

范成约观宋元刊佛经,以四时往。范成曾留居晋、陕诸古刹,所得旧本残卷皆奇秘可惊。今日所观有竹帘上画五彩佛像,及金元明初所刻绘像经典,皆极精好。

《妙法莲华经》卷七,尾有牌子及题记:

【平阳府洪洞县经坊卫家　印造记】

洪洞县东尹村李惠济,伏为母吉氏患安,谨发诚心,糺化多人,印补当县观音院《法华经》欲成壹藏者。闻《法华经》者,陈二权于鹿野苑中;谈一实向虚①山会上。破凡情同出于火宅;引诸子共趋于宝所。然冀补经良因,人增福寿,名保遐昌,法界含识,俱登觉岸。

---

①原稿如此。

天眷贰年己未六月二十七日印毕。

印经维那,李惠济

知库人,吉遇

尹威共母师氏印

施经一部计七卷

北柏村吉闰印一卷

《华严经》第四十九卷末题云:"时大朝乙卯年九月□日功毕,罗光夫亲刁。"金银合写本《华严经》卷末题云"至元二十一年岁次辛卯四月八日,光明禅师惠月谨题"连上作一行。

二十一日　星期一

与伯祥、雪村啜茗于新雅。

二十二日　星期二

访培孙。访静安,未晤。

二十三日　星期三

未出门。

二十四日　星期四

至河南路地摊看书。至三马路,遇郑振铎。访大雄。

二十五日　星期五

未出门。

二十六日　星期六

剪发。至开明书店,与振铎、伯祥、雪村、调孚及谢刚主饮于马上侯酒家。刚主云,邵次公已逝世。

二十七日　星期日

至来青阁小坐。

二十八日　星期一

至开明书店,与伯祥诸人同出午饭。晚至青年会,贺何飞雄新婚。

三月

一日　星期二

下午至开明、来青阁、中央饭店等处。

二日　星期三

与吴静安午餐于绿杨村。谢刚主来，姚石子继至，同出至开明书店，约夏丏尊、章雪村、郑振铎同饮于茅长顺酒家。

三日　星期四

与刚主、石子、丏尊、伯祥、雪村、振铎晚饭于陶乐春。以《女范》、《清远斋杂剧》及《李调元五种》等三书归振铎。略记行格如下，以留鸿爪。

《女范编》四卷，凡传一百二十篇，每篇系一图，极精工。正文每半叶九行，行二十字。新都黄尚文希周父编次，程起龙伯阳父写图，吴从善心纯父督梓。前有万历壬寅新都海阳程涓巨源父序文，昌里程衮素阿白书，又有玉京里无然子黄惟兆序，后有吴从龙跋。刻工可考者，程序后题"古歙黄应济镌"，卷一第一图题"吴伯符镌"，卷三第一图题"黄子牙"，卷四第一图题"黄应台"，跋后题"黄应泰镌"。

《选古今南北剧》十卷，山阴徐渭文长辑。版心上方有"清远斋"三字，即《也是园书目》所称"清远斋乐府"也。每半叶八行，行十八字，旁有圈点，前有自序，署"秦田水月谩题，默如子谩书"。下有"王廷谏印"，又有会稽陶望龄序。

四日　星期五

访培孙长谈。晚与石子同宴客于功德林，到刚主、振铎、伯祥、雪村及范成僧。

五日　星期六

从培孙借洋百元。振铎送来五十元。

六日　星期日　雨

未出门。

七日　星期一　雪飞终日

未出门。

八日　星期二　雪霁寒甚

未出门。庄师敦卒,年八十四。

九日　星期三

十日　星期四

十一日　星期五　连日阴雨

精神萎顿,不出门。

十二日　星期六

午后至夏屋,与进高、自怡茗话,复同饭于大三元。

十三日　星期日

至青年会访谢刚主,知已北行。访吴东迈。访姚石子,不值,乃遇于途次,因同返其家。

十四日　星期一

午后至开明书店,遇道始、愈之、予同、振铎诸人,谭浏生亦至,相别十年竟不相识。晚访吴静安。

十五日　星期二

上午访培孙,还借款百元,同出至东华午餐。今晨七时即起,过午颇倦,遂昼寝焉。

十六日　星期三

九时起。至河南路闲步,遇高君湘。过蟬隐庐,购得残本《俞曲园全集》,适与旧藏残本配全,即以剩本赠伯祥。

十七日　星期四

至来青阁购得吴暻《西斋集》、王时翔《小山诗稿》两种,皆精刻。

十八日　星期五

代道始购翁文恭、李越缦两家日记,价七十元。过培孙长谈。访王百雷,未遇。又访静安,值小极,略谈而归。

十九日　星期六

至蟬隐庐及来青阁。访公度,同啜茗于冠乐。

二十日　星期日　雨

罗子经来,长谈。

二十一日　星期一

访程学川。访高生录,不遇。访培孙。

二十二日　星期二　雨

高生录来。

二十三日　星期三

下午至南洋中学,约同顾天放、李传书、葛小厂至爱文义路看屋。屋为南浔刘氏产,将租之为下半年南洋中学临时校舍。复与天放同至刘氏账房,适学川已外出,未能接洽。

二十四日　星期四

上午,乡人张乐勤来。午后至刘宅,遇高生录,同出啜茗于大三元。

二十五日　星期五

为南洋中学租刘氏屋不成。访天放、培孙、公度。

二十六日　星期六

下午庞青城约观其所藏《九经白文》及《周易本义》,皆非宋版也。青城久不见,今一目丧明,且聋矣。王绶珊卒,年六十六。

二十七日　星期日

下午访胡朴安。访振铎,不遇。与何公度同赴天惠楼,遇戴雄夫、陈端白。

二十八日　星期一

访宗礼白,不遇。报载郑海藏逝世,年七十九。

二十九日　星期二

进高来。

三十日　星期三

访培孙。南洋中学有校役丧其弟者,为募棺殓之费。

三十一日　星期四

至来青阁,取得《盛明杂剧》初集及《孙月峰评西厢记》。

四月

一日　星期五

至开明书店,与道始、振铎、伯祥、雪村、调孚同餐于冠生园。以《西厢记》归振铎。

二日　星期六

至来青阁遇朱瑞轩,同往其寓邸看书。访培孙,遇百雷。旁晚小雨。

三日　星期

未出门。

四日　星期一

至来青阁遇孙叔仁。至开明，与诸人合作一札寄圣陶。

五日　星期二

以《盛明杂剧》归越然。

六日　星期三

从来青阁取得张见阳刻《饮水诗词》、朱梁任辑《越缦堂日记钞》。余昔年曾刺取《越缦堂日记》中读书之作，分类排比，成《读书记》二十卷，其稿为富晋书社取去，至今七载，迄未付印。今得亡友梁任之稿，与余乃不谋而合，惟未分四部耳。

七日　星期四

至来青阁及古玩市场，购得程穆衡《金川纪略》、《燕都日记》钞本，亡友俞凤宾旧物也。

八日　星期五

天雨未出门。

九日　星期六

至来青阁，遇庄通百。

十日　星期日

访郭东史。访王培孙。

十一日　星期一

访庄通百，偕往中社访吹万。晚餐于丁仲祜处。

十二日　星期二

访侯保三。

十三日

吹万、石子来。感寒不适，因早寝。

十四日

侯保三来，长谈。中国书店与来青阁合组临时市场于河南路，今日往观,遇姚石子、汤爱理。

十五日

　　检出书画三十四件,交临时市场代售。至古玩茶会,遇丁辅之、吴静安。

十六日

　　至临时市场、古玩茶会、来青阁。

十七日

　　午餐于悦宾楼。晤赵学南、王欣夫、吕诚之、左诗舲、谭浏生、庄通百。饭后偕诚之啜茗于天蟾茶楼,候□□□不至。

十八日　　星期一

　　晚餐于丁仲祜处。

十九日　　星期二

　　晚出,从中国书店取曲本十六册,初不知为何书,后问邱晴帆,始知为原刻《缀白裘》也。

二十日　　星期三

　　访培孙,遇严潏宣、郭步陶。

二十一日　　星期四

　　访振铎。访培孙。

二十二日　　星期五

　　小雨,未出门。

二十三日　　星期六

　　与孙道始及开明诸同人饮。夜访公度,同赴天惠楼。

二十四日　　星期日

　　至市场。

二十五日　　星期一

　　未出门。

二十六日　星期二　雨

　　至市场，见五研楼牡丹分咏图册，携归。灯下阅之，爱不释手，而索价至二百五十元，诸同好中恐无能购之者矣。

二十七日　星期三

　　至市场，以牡丹图册还颂清。此册为高欣木旧藏，去年经乱遗失，今为汤临泽所得，转售于颂清，价二百三十元。

二十八日　星期四

二十九日　星期五

三十日　星期六

五月

一日　星期一

　　至市场，约静庵而未遇。

二日

　　午后唐耕馀约观《古今杂剧》六十四册共二百四十种，内刻本六十九种。刻本为两残本，皆万历刻，初印。一中缝题《古今杂剧》者，似为陈与郊刻本。一中缝无书名者，不知为何书，当是臧晋叔刻本所从出也。其馀钞者，皆竹纸无格间有数种有格者更旧，清常道人全部手校。每种后或署年月姓名，前有莪翁手写总目及跋。此书为《也是园书目》著录之物，黄莪翁得之以自夸"词山曲海"者也。近年由赵氏旧山楼归丁芝孙，十年前芝孙曾撰一长跋，登入某杂志，但不肯认为己物。余曾屡询之，皆不肯承，盖终身秘置箧中，未曾举以示人也。自芝孙去世，藏书时有散失。去年之劫，乃全为鼠窃囊括以去,可哀也。

十四日　星期六

不写日记多日矣。自唐耕馀设肆于棋盘街,而中国书店分肆亦在哈同大楼下,相隔仅数武。每日午后出门,总在此两肆或古玩市场消磨光阴而已,无可记也。慈利老人吴弹赦恭亨寄来近作诗稿,中有一绝云:"丧家之狗下堂妻,卖力无能缚一鸡。九十湖南吴弹赦,懵然捱饿洞庭西。"国学会聚餐于大加利,到金子才、胡朴安、姚石子、徐子为、卫聚贤、包朗孙、陈乃文等十馀人。夜归遇雨。

十五日　星期日

午后访钱福渠,同往看律师公会新厦,复同往培孙处。

十六日　星期一

祖同约晚餐于春华楼,到阿英、大雄、龚翁、卫聚贤诸人。

十七日　星期二

与遂翔、石渠共晚餐。曹锟卒,年七十七。

十八日　星期三

十九日　星期四

二十日　星期五

午后南洋中学招宴于觉林,到培孙、天放、倬汉及僧范成、大愿等。与公度、鸢天品茗于龙井茶室。在度处约君宾来长谈,衡之后到。

二十一日　星期六

检旧名片,赠辅之。

二十二日　星期日

午餐于晋隆,晤王欣夫、庄通百、吴伯乔诸人。与进高、自怡同访朱竹坪,方慎盦已先在,同出晚餐。

二十三日　星期一

访石子,不遇。至仲祜处晚餐。

二十四日　星期二

访培孙,即其家晚餐。南洋中学校役二人,为日军捕去。

二十五日　星期三

访瘦鹃,不遇。

二十六日　星期四

二十七日　星期五

瘦鹃来,亦不遇。

六月

一日　星期三

朱瑞祥昆仲设肆于福州路,君达、寿祺以物附之,余亦以书数十种参列其间。与瑞祥饮于冠生园。

二日　星期四

与振铎午餐于开明。

三日　星期五

与振铎、率平及开明同人,饭于吉升栈旁之酒肆,购元人杂剧之事遂定。

四日　星期六

与振铎、率平同午餐于一家春,继至伯渊处签约,订购《古今杂剧》六十四册,价九千元,先付定洋壹千元,约十五天内付款取书。海宁同乡会聚餐于银行俱乐部,未赴。

五日　星期日

静安约晤于自怡处,借去《春晖堂帖》一册。

六日　星期一

午后至宗礼白家观书,晚归遇雨。

七日　星期二

午后至四马路。五时观三畏堂展览会。晚餐于听涛山房,遇雨。

八日　星期三

午后访公度,晚餐于冠乐。

九日　星期四

至中国书店,遇苏州文学山房店员购日本抄《九经解》一部。

十日　星期五

至听涛山房,购《续昭代名人尺牍》。又取郑大鹤、吴平斋尺牍各一册,郭频伽字二条。

十一日　星期六　阴雨

静安约晤于自怡处,迟去未及见。小极,早归。

连日阴雨,未出门。

十八日

始见晴色。与振铎、伯祥午餐于一家春。午后,同往伯渊处取《古今杂剧》。文求堂寄来富冈氏拍卖书目一册,附书影甚精。国学会聚餐于青年会,到石子、天约、聚贤、烟桥诸人。石子以新购《顾大申年谱》见假。

十九日　阴雨

郭正梀来。吴静安、杜进高来。静安借去《东观馀论》、《云烟过眼录》、《道藏阙经目》三种。

二十日　星期一　晴

至茶会,购汪砚山雁宕山水册。余尝辑李莼客日记中读书之作,为《越缦堂读书记》十二卷,以稿交富晋,忽忽十年迄未付印。今见亡友朱梁任辑《越缦堂日记钞》五册,与余书大旨相同,惟余书依四部编次,朱则随原文校录,斯为异耳。日记中有数段拟倩人摘钞,录目备忘:

曝书杂记(一)　四库总目(七)　爱日精庐藏书志(十四)

经义考补正　崇文总目辑释(十八)　书目答问(卅一)

拜经楼题跋记　经籍跋文(卅三)　补后汉三国艺文志(四十三)

鲒埼亭集(七)　又外编(三)　后初斋集(卅二)

夷舶入寇记　庚申北略(卅六)

二十一日　星期二

二十二日　星期三

购得陆冰修先生字册。晚餐于郭正枞家。夜大雨。

二十三日　星期四

二十四日　星期五

至开明,知绍虞自北平来。

二十五日　星期六

午刻至开明,候绍虞,未来,同王统照、王伯祥、郑振铎同餐。在家晚餐,到绍虞、伯祥、正枞、瘦鹃、白蕉诸人。

二十六日　星期日

午刻聚餐于印度饭店,余约绍虞同往,到诚之、伯乔、欣夫、通百等二十馀人。购诗笺尺牍一包,皆致胡晴初者。

连日阴雨,小极,未出门。石子来云,高吹万家藏书为军搬运一空。

七月

一日　星期五
至市场及听涛山房。小弟夜来。

二日　星期六

三日　星期日
午餐于功德林,饭后偕往孙雪泥处小坐。旁晚病卧。

四日　星期一
至公度家就诊,归后服药。

五日　星期二
再服药。

六日　星期三
天骤热,病亦小愈。晚与公度、鉴冰浴于日新池。

七日　星期四
天热,未出门。

八月

一日　星期一
午后钱福渠招茗,聚于大三元,同座者钱佩青、唐圃馀。访陈虞薰。访何公度。

二日　星期二

　　午后至新新啜茗,晤福渠、佩青、镇初。至听涛山房小坐。至葛耀飞家,同往冠乐晚餐,应福渠之约。晚与耀飞、公度至天惠楼,以时晏先归。

三日　星期三

　　午后访自怡,同自怡、进高啜茗于龙井茶室,自怡先归。与进高访天翁,不遇。杨文卿来,不遇。

四日　星期四

　　福渠来。进高来。

五日　星期五

　　福渠来,耀飞来,同赴大西洋晚餐,餐后复偕耀飞至天惠楼小坐。

七日　星期日

　　访培孙,即其家晚餐。

八日　星期一

　　徐子高来。罗子经来。

九日　星期二

　　至市场小坐。晚大风雨。

十日　星期三

　　访徐积馀,病困凄然,以售书事见嘱,适任心白来,以词目托其交林子有阅之。

十一日　星期四

　　小极,未出门。

十二日　星期五

　　访子敬。

十月

一日　星期六　雨

傍晚至听涛山房闲话。昨日上午九时半,唐绍仪被斧死,年七十八岁字少川,番禺人。高君宾来。

二日　星期日

午后偕公度啜茗于洁而精。又同访耀飞,深夜始归。

三日　星期一

偕毓英赴大三元晚餐。邝富灼卒字耀西,广东新宁人,年六十九。

四日　星期二

午后往视培孙疾,今日杨伯藩来诊。

五日　星期三　晴

袁云阶来。与陈端志晚餐于陶园。

六日　星期四

姚石子来。午后至听涛山房、来青阁小坐。

七日　星期五

袁树珊亲来,送礼物四色。进高来,同往陶园啜茗。云阶来。国学会聚餐于聚丰园。诣耀飞略谈。昨晚报载吴孝侯遇害。六年前余往来镇、扬,孝侯追随左右,近年音问久疏矣。

八日　阴历中秋　星期六

诣石子,道遇君定。今日本约石子同访培孙,石子以事不果行。至幼楚、福渠处小坐。

九日　星期日

十日　星期一

与福渠同访培孙,遇龚子范。归途过伯祥家,偕毓英同回。借阅章式之钰《四当斋集》。

十一日　星期二

至富晋书店、中国书店、来青阁等处。借《石遗室诗话》、《琴堂五星》。

十二日　星期三

福渠来。石麒、云阶来。晚约公度同浴于日新池。

十三日　星期四

昨晚遗钥匙于日新池,晨起即往取之。连日小极。

十四日　星期五

傍晚至开明,适诸人醵饮,遂为不速之客。

十五日　星期六

午后至兴业银行,继至听涛山房及勤庵处,购零本文集数册。闻数日前,坊肆有钱牧斋、季沧苇手批《史通》为京贾收去。

十六日　星期

至晋隆午餐,餐毕,在中国书店久坐,遇光甫、爱理。

十七日　星期一

十八日　星期二

江浙同乡聚餐。访公度。

十九日　星期三

二十日　星期四

访积馀。京估李佩亭来。胡介生石予客死铜陵,年七十二。

十一月

一日　星期二

访天放,不遇。与毓英同剪发。晚餐于聚丰园。

二日　星期三　雨

姚石子来。福渠约啜茗于陶园。至开明,晤振铎。正兴馆晚餐,同福渠、天放、圃馀、倬汉、佩秋。同福渠访耀飞。

三日　星期四

居停顾氏寿,偕毓英同往宁波同乡会观礼。至中国书店。

四日　星期五

蒋方震卒字百里,海宁人,年五十七。至华兴,候董一萍,不晤。阴宏远来。

五日　星期六

江浙同乡聚餐于青年会。与石子同访培孙。阴宏远来。

六日　星期日

与叶柏皋诸人聚餐于松月楼。访徐积馀。福渠来。

七日　星期一

晚出,至中国书店,病发折回。

八日　星期二

至积馀家取书目。阴宏远来。福渠来。

九日　星期三

至听涛山房,寿臣约同晚餐。至瑞轩处小坐。富山来。

十日　星期四

富山来。

十一日　星期五

十二日　星期六

石子来。福渠来,同往洗浴,颇受寒,复至其家晚餐。至中访董一萍。是日耆寒。

十三日　星期日

王震卒字一亭,号白龙山人。吴兴人,年七十二岁。富山来。一萍来。

十四日　星期一

至富晋书社。与福渠同饮于大三元。在中央晤董一萍。

十五日　星期二

午刻,与富山同往兆丰别墅,购残本《四部丛刊》。孙实君约晚餐于泰丰楼,同座者王淳馥北平文殿阁、路德彝北平珠宝商、卫聘之苏州隆昌眼镜厂,现寓静安寺路同益里 A22。

十六日　星期三

至积馀家。回至北方商号访实君,已七时矣。

十七日　星期四

至康乐村观《三希堂帖》。至大三元,晤福渠。与实君、宏远、淳馥饭于会宾楼。至中央。

十八日　星期五

实君、宏远来。董一萍来。

二十三日　星期三

访咏莪,不遇。至河南路,遇孙实君、乔□□,同饭于会宾楼。

二十四日　星期四

访咏莪,遇许冠英先生名省诗,伯遒之父、叶揆初先生。实君来晚餐。

十二月

一日

午刻江浙同乡会聚餐。钱福渠来。叶浩鑫来。实君约绿意家晚餐。

二日

杜进高来。孙实君来。孙、乔二人约大雅楼晚餐。到兰泉、吹万、石子、礼白诸人。

二十二日

与实君同访礼白,余购王艮斋批《水经注》、莫绳孙临邵亭校《史记索隐》两种。

二十三日

至普生处看书画。实君来,偕往大雅楼晚餐。

二十四日

访公度、耀飞。

天一阁抱经楼藏书始末考郭传璞	金峨山馆文甲
书天一阁书目后	颐緅堂集八
书直斋书录解题后	颐緅堂集八
读四库全书提要	夏仲子集三
读四库全书简明目录	夏仲子集三
墨稼堂藏书记	夏仲子集五
石研斋书目序	炳烛室杂文
晚学斋书目序	央斋杂著上
央斋书目引	央斋杂著上

夬斋劫馀重编书目引	夬斋杂著上
分析藏书引	夬斋杂著下
耕馀楼藏书记	寄盦文存二
熊瑞云梓人传	石园文稿一集
赐绮楼藏书记	漱六山房全集六
丁松生库书①抱残图书后	漱六山房全集八
岷山别墅藏书记江瀚	慎所立斋文集四
潜川书院藏书记马其昶	抱润轩文集二十一
校书说黄廷鉴	第六弦溪文钞一
爱日精庐藏书志序	第六弦溪文钞二
藏书二友记	
读知不足斋赐书图记	
恬裕斋藏书记	
记板刻原始万斯同	群书疑辨九
黄俊生赠书记王荣商	容膝轩文集二
墨海楼观书记	
大梅山馆书目记	
七千卷楼记	
编次曝书亭著录自序李富孙	校经顾文稿十二
书津逮秘书目后	十八
欣托斋藏书记杭世骏	道古堂文集十八
崇文总目跋	
直斋书录解题跋	
包山葛氏澂波皓月楼藏书记张鉴	冬青馆甲集四

---

①原稿如此。

秀水计氏泽存楼藏书记

眠琴山馆藏书目序

金山钱氏守山阁藏书记　　　　　冬青馆乙集四

泽存楼藏书后记

佩雅斋书目序强汝询　　　　　　求益斋文集四

池北书库记朱彝尊　　　　　　　曝书亭集六六

希古堂书目自序　又后序谭宗浚　希古堂甲集一

菊坡精舍书藏铭　　　　　　　　又甲集二

校经堂书目叙　　　　　　　　　元穆文钞

清理麻阳县儒学藏书记邓瑶　　　双梧山馆文钞十二

小九华山楼藏书记又

借钞书舍记陆黻恩　　　　　　　读秋水斋文四

一九四三年

九月

十四日　阴历癸未中秋　晴

得胡朴安覆。检《清实录》,钞出光绪元年《禁广东赌闱姓诏》三通。

十五日　晴

宴起,到开明书店已十点十分矣。从《官场现形记》检得《赌闱姓》谈话一段。领得户口粉八斤,价五十六元。

十六日　晴午刻微雨

石麒购得沈氏海日廔藏书,余往检之,得旧摄影片八帧,字迹恍惚,不署姓名。省其文义,知为清季南昌令江公召棠绝命书也。马通伯先生撰公家传。南昌之狱,议者断断致辩,惟自刺与谋杀殊耳,今得此,则谋杀之证确然无疑矣。

十七日　晴午后小雨即止

连日午后疲惫不堪,今日赴九亩地,午餐后稍可自振。

十八日　晴

十九日　星期　晴

倦卧竟日。

二十日　晴

午后，至来青阁购得内府刻梵夹本《玉皇经》三册，为乾隆三年张照奉敕写。又明刻《大明三藏目录》四册。

二十四日　晴

作《赌闹姓》文，寄《古今》。

二十五日　晴

《玉皇经》及《三藏目录》为振铎要去。石子来。

二十六日　星期　晴

未出门。

二十七日　微雨竟日

二十八日　晴　始寒

今日为林柏生新定之孔子诞日，因之休假。闻平阳病剧，沪医应召往者十人。

二十九日　阴历九月朔　晴寒

张德钦来电话，不相见者二十年矣。五时后至古玩市场晤容臣。

一九四四年

一月

一日　阴历癸未十二月初七　晴

宴起，未出门。

二日　星期　晴

宴起。午后至霞飞路为雪村托装画轴。访实君。夜钞袁爽秋日记。

三日　晴

十点十分到店。道始来。归途折至万利与芳瑜同归。夜钞袁日记。

四日　上午大雨

未出门。午后到店。致道始函。夜钞日记。

五日　晴寒

十点卅五分到店，领前半月薪一千八百廿九元八角，又年规十元。午后阅文集五种。夜钞袁日记。

六日　小寒节　晴寒

十点卅分到店，亚倩来。夜看吴挚甫文。四日前，同事周君回嘉善某乡镇省亲，为匪劫去，今日始脱险回沪。戌初初刻小寒节。

七日　晴寒更甚

十点十分到店。夜钞袁日记毕。

八日　黥寒

宴起。下午二时到店，亚倩来。夜录《提要刊误》。

九日　星期　晴寒

晨疾动，遂宴起。赵为则来。夜录《提要刊误》。

十日　晴寒　阴历十二月望

十时□分到店，介绍亚倩诸人售股票于何五良，分润三千番。夜录《提要》。

十一日

宴起。午后始出门，至霞飞路为雪村取画。下午到店。夜录《提要》。

十二日　阴寒

午后二时到店。夜录《提要》。

十三日　阴雨

午后到店。夜整比《提要刊误》稿。

十四日

始见日光。上午十时五十三分到店。午餐于江南酒家。夜整比《提要》。今日检昔年金吉石写小楹帖无款者，赠伯祥，文曰"乞食咏贫士，饮酒赋闲居"，予集陶诗题也，伯祥嘱绍虞加跋。

十五日　阴

下午到店。今日提前发上半月薪二千二百□元，假款未扣。又收《别号索引》版税五千五百□元，连前共一万○五□□，遂觉贫儿暴富矣。今日有人携稿来求售，启视之□夏瞿禅所辑曾文正、赵惠甫语录也。余前年得赵氏日记，曾据之以辑《年谱》，付《学林》刊载，值事变未出版。当□石子借阅日记，不意转入瞿禅之手，遂□□□□传于外，今拟将《年谱》旧稿重加厘□。

十六日　星期

校阅《赵惠甫年谱》。□□至九亩地小憩。

十七日　星期一

宴起,未出门,校赵谱。

十八日　阴晴

九点五十分到店,阅《曾文正日记》。余患癣痒,入夜尤甚,文正与余同病,观日记所载,不觉失笑。石子来。

十九日　雨

十点半到店。夜为伯祥、调孚写册。

二十日　晨雨暮晴

下午二点四十五分到店。偕芳瑜访莫金海,托其带款至乡,为其母营葬。

廿一日　晴

宴起。下午到店。写《赵惠甫年谱补遗》毕。

廿二日　晴

十点廿五分到店,以新印《别号索引》寄吴仲珺,以《曾文正公语录》寄周黎庵。阅新印《茹经室文四编》,可笑者甚多。如《陈石遗先生墓志》开首即曰:"石遗今之诗古文大名家,与余同乡举,长余七岁,尊之曰先生。"读之作三日呕。其人久盲,而文中屡言审视某画,确为真迹,审视某书,确为明刊精印云云,竟自忘其盲矣。

廿三日　星期　阴午后小雨

宴起。剪发,排比《□□□提要》稿竣事,未及作序。

廿四日　阴历除夕　晴

上午十一点半到店,今日餐店皆停市,午刻购包子六枚充饥。深夜至六时始睡。

二十五日　甲申元旦　雨

旁晚始起,未出门。

二十六日　晴

宴起。旁晚偕芳瑜至万利小憩。

二十七日　晴

宴起,未出门。作《清四库提要纠谬举例》序。

廿八日　雨

十时二十分到店。绍虞留午餐,下午三点半即散归。赵为则来贺岁,同往飞龙阁。

廿九日　雨

以《提要纠谬》稿托雪村交《学术界》。

三十日　星期日

宴起,未出门,家福来。

三十一日　雨

十点廿分到店。《学术界》送来稿费三千元。

二月

一日

早起不适,勉强到店。取《赵惠甫年谱补遗》稿,加标点发排。终日畏寒,下午大雨不止,向绍虞借套鞋,冒雨返家,临睡服午时茶。夜间大寒大热,骨节奇酸,周身□痛。

二日

病不能起。旁晚后大寒大热,再服午时茶,得小汗。

三日

寒热已退,能强起,在室中步行。

四日

病势已去,进粥一瓯。连日天雨不止,□□□堪,仍不敢出门,随便翻阅提要。

五日　立春

自阴历元旦以来霪雨不止,今日始放晴色。九点五十五分到店,作赵谱序未成。家在、家福同来。收一月下半月薪,仅一千一百七十元七角而已。

六日　星期　晴

宴起,未出门,阅黄远生遗著。

七日　星期一　晴

九时五十分到店,作赵谱序成。章次公遣其门人补送年敬二千元来,明日拟遣人璧还。白报纸价已涨至四千三百元,江南海月至三千七百元,此后更无印书希望矣。

八日　晴

九时五十分到店。旁晚至福泰晤次公、天翁。购《明代版本图录》四册,直二百九十七元五角五。局新书自明日起改新价照原价加百分之一百七十五。项云瑞持来别下斋旧藏廿一史,已康熙补板。

九日　晴

石子来。

十日　晴

十一日　晴

十二日　阴

十点五十分到店。孙助廉来。晚至福泰。

十三日　星期日

高卧终日,未出门。

十四日　阴

十时到店,重编《赵惠甫年谱》竣。

十五日　晴

十时到店,午饭于西南酒家,蛋炒饭一盆,费至三十六元四角,前月廿一元。杜进高来。

十六日　晴

十时半到店,杜进高之子来。庆儿偕新郎自哈尔滨回沪,将于今晚赴宁。二人去冬在满洲旅次结婚,今日初次见我,匆匆坐谈片刻,无以为礼也。《赵惠甫年谱》将先在《学术界》刊载,今日为作一小引。

十七日　阴

十一时半到店。发培孙、仲珺、进高信。

十八日　晴

骨酸肉痛,僵卧终日。

十九日　晴

下午到店。仲珺、石子来。旁晚至福泰,与芳瑜同归。

二十日　晴

病卧。旁晚强起,至福泰取得次公所贻鹿角胶。后半夜大发冷。

廿一日

病卧终日。今日积馀领帖,未能往吊。卒于去年癸未正月廿八,年七十六岁,今周年矣。

廿二日　晴

病势渐退,下午在室内步行。理发。

廿三日　阴

午后到店。旁晚至云霞阁,为伯翁装潢画件,归途遇雨,至南阳桥,又值铁门关闭,候立雨中,狼狈不堪。启关后至福泰小憩,命车归。收中旬薪一千七百七十三元,《古今》送来支票六百元。

廿四日　晴

十时廿五分到店。石子来属为其子女画册。进高之子来,由予同备函往新华银行。

廿五日　晴

十时十五分到店。终日不适,不及五时即归。

廿六日　晴

十时五十分到店。午饭于江南酒家。振铎来。夜至福泰,晤章次公。

廿七日　星期　晴

卧病终日。

廿八日　晴

十一时半到店。

廿九日　晴

咳甚,彻夜未睡。今日下午二时始到店。

三月

一日　晴

十时十分到店。

二日　晴

十时到店。

三日　雨

十一时五分到店。以旧储美浓纸售于开明,得二千四百元。

四日　晴

十时半到店。

五日　星期

未出门。雨黄沙。

六日　晴

十时后到店。

七日　晴

九时四十分到店。中联出版公司送来《赵惠甫年谱》发表费五千元。

八日　晴寒

九时半到店。下午眠云来,同至福泰小坐。

九日　阴历二月望　晴寒

十时到店。与绍虞午餐于一家春。

十日　上午微雨晚晴

十一时到店。

十一日　晴

十时五分到店。收上旬薪水二千〇八十七元。

十二日　星期　晴

午后芳瑜先出,余至福泰迓之。实君夫妇来。

十三日

病卧终日。

十四日　晴

九时四十一分到店。

十五日　晴

九时五十五分到店。

十六日　晴

九时半到店,午餐于西南酒家。连日齿痛瘇胀,初不以为意,继而寒热大作,牙根内部化浓,几酿大患,急服速发灭定,得转危为安。不写日记者五日矣。

廿二日

到店甚迟,今日领到中旬薪水。本月一号起,每月加发餐费六百元。晚归后为石子之世兄昆群画小册叶一方。程大中《考古丛编》未刻。

廿三日

石子来。

廿四日　晴燠

下午伯祥随余至南市游行。

廿五日　晨阴

下午冒雨归。

廿六日　星期　阴雨

终日未出门。

廿七日

十时到店,午刻雨归,时雨已止矣。以布售于振铎、予同二人,值六千元。今日先收铎二千元。申报馆王某之岳父自乡来,带旧币千馀元,为赵之局所拘,亚情要余营救,为作札致姜局长得释,币亦发还。

廿八日　晴

九时四十五分到店。薛公侠于去冬遇害,年六十八岁。收予同二千元。

廿九日

假期。午后与芳瑜至九亩地购物。今日领卅七期米,人二升,廿三元。

三十日

假期。

卅一日

十时十五分到店。领户口煤球六十斤,价卅三元正,又购一百十斤。

四月

一日

十时廿五分到店。收下旬薪一千八百四元九角。收予同一千元。

二日　星期

下午偕芳瑜访孙实君夫妇,晤小竹文夫。

三日

十时五十分到店。领31、32两期面粉六斤,价六十三元。

四日

十时廿五分到店。沈信卿逝世。

五日

十时到店。晚,庆儿夫妇来。

六日

十时十五分到店,下午雷雨。

七日

十时到店。

八日

午后至九亩地,深夜始睡。

九日　星期

倦卧终日。

十日

十时到店，仍不舒适。第十一期糖廿四元三角。

十一日

九时五十分到店。今晨绍虞匆促回苏，不知何事。

十二日

收上旬薪一千一百八十六元，还毛纸、蛋粉四百十五元半，借三千元付马君。

十三日

十四日

晨，郭石麒来。下午虞薰来。

十五日

十六日　星期

为张乐三题《江村消夏图》。

十七日　雨

十八日

王伯逊来。下午，吴孝侯来。

十九日

以《别号索引》一册、《印谱》一册交石麒。乐三送来润资二百元。以石印汉碑研拓售得二百元，借绍虞二百元。

二十日

以寒汀绢册叶四张交石麒。申报馆王君以公鸡、甲鱼见赠。

廿一日

借石麒《玉函山房丛书》一百册。姚石子来。与虞薰偕归，交来三千六百元。今日领卅八期户口米六升,值六十九元,付家用五百元。

廿二日

收中旬薪二千二百八十六元。晚,马婿来付三千元付还绍虞二百元,购《隋志考》三百元。

廿三日　星期

晏起。下午芝青、采英诸人来。旁晚大雨,欲出购物不果。

廿四日　星期一

廿五日　星期二

与绍虞午餐于教门馆。晚,马婿、家庆、家福同来。今日取二期洋火四匣。

廿六日　星期三

下午庆儿来,取去五百元。付家用五百元。

廿九日

取户口粉三斤,卅三元。

五月

一日　阴

劳动节假。上午十时至邑□得意楼,与伯祥、绍虞茶点,同归小坐。三时送二君出西门,剪发。

二日

九时半到店。收下旬薪。庆儿来,付一千二百元。

三日

十时到店,以《涧于日记》归开明,值五百元。

四日

十时廿五分到店。

五日　立夏节

体重一百卅六磅。

六日

晏起。下午到店。取户口油十二两,价四十一元四角。

七日　星期

大热。下午偕芳瑜至西门绕行一周,拟往西摩路,以天阴有雨意而罢。

八日

晨至老北门,遇戒严,绕行到店已十一点矣。购户口米六升,值六十九元。

九日

十一日

下午石子来,交画,值一千元。

十二日

收上旬薪二千○五十八元三角,热一天。购《昭和法帖大系》,价值五百七十二元一角。何公度来。从来薰阁购知不足斋刊《古论语》一卷,题"王应麟辑郑氏注",未收入丛书,有陈鳣、吴骞、丁杰三家校补并题跋,莫楚生旧藏,价一千六百元,为振铎要去。以《昭和法帖》归来薰阁,作价三千元。

二十日

取户口粉三斤,价卅三元。

二十一日　星期

宴起。与芳瑜至福泰,复至八仙桥,买茶叶而归。

二十七日

未到店。午后与芳瑜至福泰取户口米三升,卅四元正。赵为则来。

二十八日　星期

午后至福泰。至九亩地购饴糖及食品,价一二五〇。

二十九日　天雨

上午戒严。下午到店。五时后至福泰,为赵为则代撰挽联,即交之。自下月起加薪三级,又津贴三百元。

三十日

为则托书挽联二付,即转倩伯祥、绍虞。取户口粉三斤,卅三元。

三十一日

六月

一日

午后至福泰。

二日

收下旬薪一千三百馀元。

三日

借来薰二千元。晤杭州书友朱君。

四日　星期　雨

访石麒。

五日

杜进高来访。

六日

寿祺前购废纸,分润二百五十元。

七日

为来薰售去《大藏经》，今日交割讫，分润一万三千元。为则赠白糖二斤。

九日

取煤球，七十二元。

十日

取糖，四十五元，购物一千九百元。

十一日　星期

出外购生油十斤连听，又香烟十匣，送丙翁。

十二日

收上旬薪二千六百四十七元。

十三日

七月

十五日　晴

今日初伏。昨日议决，局中又增加津贴，自七月一日起算上旬未足之数，今日补发。余自到开明以来，薪津屡增，而生计日艰，所谓受之有愧，用之不足，奈何奈何！

去年八月起二千六百五十元，十月起二千七百七十元。十一月起四千四百元，今年二月起六千二百六十元，三月起六千八百六十元，六月起七千九百四十元，七月起一万二千〇六十元。

十六日　星期

宴起。午后偕芳瑜出城散步。购茶叶、肥皂及食物。跋周鹿峰《字帖》。

八月

十二日

上午到店。是日自老北门至大马路,山西路至四川路,四面戒严不得入。停留于朱瑞轩店中,观方孔炤《环中堂诗文集》,索值五千,无法论价。十一时后始通行。

十三日　星期

观《环中堂集》。《诗集》六卷,同邑左光先选。前有光先及余飏序,后有附录郑三俊撰墓志铭及徐芳撰传。《文集》十四卷,前有陈焯序,后有孙中通跋。校刊者,中通之兄中发也。跋称《文集》十二卷,今卷十三为《知生或问》及《西库随笔》两种,皆崇祯庚辰待罪西库所作,卷十四补遗五首,当是后来续刻。附录载《召对荐举汇记》及刘元命撰《平(下缺)。

一九四六年

十月

二十五日　阴历十月朔　晴

来青阁收得《南宋群贤小集》六十册,宋书棚本。有曹栋亭、朱竹垞两家藏印。末叶有"白堤钱听默经眼"及"吴越王孙"二印。书根隐隐有"六十三"、"六十四"等字,疑原书不止六十册,后附竹垞长跋并钞总目。以文气书法考之,决非竹垞手笔,当是听默得此书时,知有残缺,故伪托竹垞以欺人。但听默以后流传之绪无考,今亦不知从谁氏出也。邓孝先旧藏毛钞本,即从此书影写,缺字断画一一符合,内有《亚愚江浙纪行集句诗》一种,系陈氏得旧板配入,行格特异:

《亚愚江浙纪行集句诗》七卷。首题庐陵沙门绍嵩。每半叶八行,行十六字,前有庐陵亚愚樵衲绍嵩序,杨梦信题诗,奉议郎知临安府盐官县事杨天麟题诗,从事郎常州宜兴县尉权州学教授陈□□题诗,后有绍定四年壬子夏中瀚从事郎监庆元事昌国县西监盐场宣城陈应中跋十行十八字,卷末题"嘉熙改元丁酉良月师孙奉直命工刊行"十六字,分两行。

一九四八年

十月

一日　晴

咳疾小愈,下午至文献会。《上海刊板考》第一段写成,约二千馀字,封寄《图书馆周刊》。荣县赵尧生熙九月二十七日在籍逝世。

二日　晴

欲出门,觉体力不支而罢。钞《云间志略》二篇。《大公报》一日电,北平国行来一豪客,系逊清豫亲王后裔。以金印一颗请求兑换,行方当以利斧裂之为四块,重二七〇两,估计黄金只有对成,其馀系以银铜合成。陈端白逝世,今日三七矣。

三日　阴历九月朔　晴

芝青生女今日弥月,欲往视之,未果。全市烟纸店今日停售,纸烟以加税巨而零售价尚未规定也。中纺公司定星期日配售公教人员,今日张宝书以清晨七时往见,列队者已二千馀人,废然而返。

四日　晴

下午至文献会,钞《志略》弟十卷完。

五日　晴

下午至会,领十月份办公费十元,米代金五元四角,付配给布两种,十二元二角。

六日　晴

往视家在,生子已逾弥月,长幼均健。朋燕将炭售完,改购袜布、香烟等物,将携归天台。忽闻行旅不能带布,故欲以购存之三匹售去。余为介绍于凌子文,近数日上海抢购之风甚盛,购布不易,故一说即合。

七日　晴

陪同朋燕将布交去。今日抢购之风更甚,各物均加限止,而行旅携带亦随之而紧,朋燕恐一时不能成行。

八日　晴

下午勉强赴文献会,疲惫几不能步。

九日　晴

往取药。普查各店存货,北邻茂泰米店主人被逮。

十日　双十节　星期　晴

顾介生来。芷青来。家在约而未来。

十一日　重九　晴

连日病困,今日稍觉舒适。旁晚往视家青,未晤。志一送火油来。

十二日　晴

今日咳喘又剧。下午至会,六时归,抵家而雨。

十三日

雨终日不止。

十四日　晴

午后至会略坐。

十五日　晴

午后二时文献委员会开会,到社教两局代表,图书、博物两馆长,舒新城、姚孟埛、顾景贤诸人。

十六日　晴

午后赴会代收王委员车马费廿一元。晚饭后偕瑜赴凌宅,分得布袍料一件,值十一元。

十七日　星期

十八日

松江人带鲜肉来,分给家青。

十九日　微雨

未出门。

二十日

下午到会。王□□来访。南洋中学以复校特刊见赠,归途折赴凌宅,将绝粮矣。

二十一日

下午到会。

二十二日

下午到会,领本月薪九十元馀。

二十三日　阴历九月廿一日亥初一刻六分霜降

下午至赵家,家在以袍料赠我。至汉学书店晤寿祺、金华。至芝青家,代其填写申请书。

二十四日　星期

下午偕芳瑜往视家在,赠以鲜肉猪油,并甥女见面肆元。继往严存斋家,归已九时。

二十五日　天雨终日

未出门。介生来。

二十六日

下午赴会,晚归绕道至存斋处存斋托我代发遗失身份证广告,而误写号码,故再往询。

二十七日

下午赴会。

二十八日

下午赴会,以广告交蓬轩。收《上海通》稿费三元。

二十九日

天雨。下午在保办事处。晚石麒来,带来王富三交我十五元。

三十日　阴

一九四九年

七月

一日　雨

愈甚。旁晚至席三处小坐，别逾两月矣。上午飞机来，闻在闸北下数弹，死二百馀人。

二日　雨

下午至文献会，闻上月薪水有补发之说，不知确否。六月下半月领薪二万〇九百四十七元，一石三斗三升，每升米作价一百五十七元五角，而市价已逾三百元，相差太甚，故有找补之说。过传薪书店，还《宋元学案》三册，借来《鋻舟园文稿》、《白华后稿》各一册。飞机两次来，落弹不知在何许。

三日　星期　晴

大热。吴孝侯来，留午饭。复同往文庙小坐。晚饭后偕芳瑜至席三处。飞机以上午来。

四日　雨

小极未出门。飞机来，晨投巨弹。

五日　晴

午后至文献会，补领上期薪水六千七百元。晚饭后，偕瑜至席处,途遇小雨。家福来。

六日　晴

午后军队、学生、工人大游行,纪念"七七",三时后大雨倾盆而下。未出门,钞吴省钦文二首。

七日　晴

假。午后偕瑜至席处,欲访莲青,未果。

八日

病,未能出门。

九日

未出门。

十日

午后瑜至莲青处,余访实君,知实君恰以今日北行,借来元集三种。与瑜同归,便道访席。

十一日　晴

午后至文献会,从传薪书店取来萧尺木尺牍及潭友图册页,有桂未谷题首及汪端光、吴山尊诸人诗。

十二日

偕瑜访席。和葩翁旧韵一律,分寄葩翁、融之:

痼疾繁忧两不堪,更憎梅雨凑成三。向荣草木人多羡,新样妆梳我未甘。检点丛残充覆瓿,闲寻野老作常谈。卅年占毕嗟无补,只当华胥梦里酣。

十三日

下午至会。

十四日

偕瑜至席处。

十五日

下午至会,领薪三万六千七百六十元,存折实存款二十点每点六百九十一元。

十六日

至会,从席君取药归,即夕煎水。

十七日　星期

下午访王伯祥长谈,知亚子在北平大发狂疾,毛不能堪,供养于颐和园。亚子不堪岑寂,乃登报寻访四十年前旧情人冯女士,竟得重圆。从此往还殷勤,柳夫人日夕侍从,作壁上观。冯女士者,庞景周之嫂,业产科,其孙已娶妇矣。去年忽与庞脱辐,今遇亚子,殆前定也。

十八日

至会与同人述亚子事,哄堂一笑。下午阵雨。

十九日

至会。

二十日

至会。市府受训者大都赠薪一个半月遣去科长以上赠一月,工役赠两月,朱凤蔚父子均在其列。吾会中已决定者,仅卢冠今一人蔚南婿也。今日起公共汽车价四倍,自西门至四川路桥为丙种,原卅五元,今一百四十。五、六月房捐共九千二百五十二元,分得一千八百五十五元。

二十一日

未出门,孟壎早来,未晤。

二十二日

未出门,以电话询会中,知无动静。农花来。

二十三日

到会,得葩翁和诗。知葩翁近亦湿困,经严察明针之得愈。黄昏断电,今已第三日。

　　经月针膏体渐堪,蚕强未死起眠三。幕天席地宁非福,跣足

科头亦自甘。那信人间无乐土,惯听海外有奇谈。大同世界如
原始,百事何妨嬉更酣。

二十四日　星期

二十五日

昨夜台风侵沪江,水没岸,今日风雨不息,水从地下涌出。午
刻,卧房内水高逾半尺。

二十六日

雨止日出,而水仍不退。

二十七日

风雨又作,但不甚烈,从邻家借长统靴出门,至会取薪。

二十八日

跣足出门,市府发下党义论文数篇,属集体研究。

二十九日

未出门。

三十日

至会,取福利米两斗。

三十一日　星期

八月

一日

下午到会,开始讨论党义。访虞薰。

二日

下午到会,归途遇周由廑。

三日

上午到会。下午孝侯来。

四日

下午到会,孝侯又来。

五日

小极,未出门。

六日

午刻到会,领到上半月薪七十七点。从本月起底薪每元作一.四,余本一〇八元加零数作一百十元计算,而办公费及福利米均停止。今日折实价每点九〇九元,归途至席三处付清前账。毛氏小弟以折扇乞书。电灯至午夜十一点后始明,自前月二十一日起,黄昏有电者未满五天。

七日　星期

未出门,夜偕瑜出。

八日

下午至会,归途遇伯祥、予同。至周虎臣购笔。

九日

下午至会,回家后瑜已先出,因往寻同归。灯下为毛韵秋写扇。

十日

上午剪发。

自湿癣内隐后,即咳嗽畏寒,食欲减退,兼受外感,终日昏昏入睡。廿二日勉强出门,领取薪水,以折实数日低七十七点,仅得五万八千五百元耳。

二十四日

体力愈不支。午刻雇车就章次公乞诊。生苍术三钱,新会皮二钱半,薤白头三钱,生米仁六钱,粉萆薢四钱,赤猪苓各三钱,春砂仁八分,泽泻三钱,鲜佩兰三钱,连服二剂。寒热卅七度四,脉搏七六。

二十六日

夜再往诊,寒热退至三六.九。当归身四钱,鲁豆衣四钱,杭白芍三钱,麦天冬各三钱,怀牛膝三钱,干地黄六钱,云苓六钱,连服二剂。

二十七日

热度又升,终日恙甚。

二十八日

热忽退,久不吃粥饭,自觉日渐软弱。因购红枣煮汤及粥服之。

二十九日

拟再往诊,以天有雨意,未敢出门。

三十日

午后雇车至次公家,适次公已出门,怅甚,缓步至席三处小坐。夜饭后再访次公诊,谓予内邪已清,惟亏损太盛,须常服温补之剂,方可复原。约两日后往取药。

三十一日

未出门。

九月

一日

午后访次公,适已先出,怅甚。次公出诊例须在二点后,今日以医师开会,故十二点即出门。归途至席三及修文堂小坐。实君尚未归,闻近期内未必南回,因北平生意清淡,非坐镇不能谋开支也。

二日

午刻至次公家取附块、党参、黄耆、当归四药,每日代茶服。次公以所著《中医改进议》嘱加跋。再至大陆药房访虞薰,为改定挽查仲坚联。虞薰之侄女遍身湿癣,与余略同,前月得闽人秘方,敷治而愈所用皆毒品,但不久复发。近遇中医何某谓内服药可断根,但不能速效,记其方于此:蒲公英四钱,白鲜皮三钱,连翘三钱,赤芍二钱,藜卢二钱,凤尾草三钱,贯众五钱,野菊二钱,带皮苓一钱,用蒸溜水100c煮热,和烟膏15c缩成80c,加火酒20c即成亚并酊,用时加膀得荣8c,荳蔻丁(复方)5c,马前酒即司滴尼1或2c,再加蒸溜水和之,可戒一钱量之人。

三日

服参耆后,体力较好。读次公《中医改进》小册子,皆作摇尾乞怜语,丝毫不为中医留地位,不知印此何用? 莲青来。

四日　星期

未出门,微雨夜来。

五日

午后至文献会,请假已两星期矣。

六日

午后至文献会,领上半月薪七万一千五百五十元本月起,每月作折实一.六,今日折实价为八百十三元。

云南卢汉独立,共军疑其为美国人策动之一种奸谋,故各报未刊载。

七日

午后至文献会,与虞薰同归。

八日

午后至文献会,归途经席三处小坐。今日为白露节,上午阵雨,天气剧变,身体不舒。付电费二千六百卅元。

九日

下午至文献会。

十日

上午七时半,蓬莱区第三办事处召开甲长会议,凡解放后迁出迁入之户口未报者,限下星期中申报。

十一日　　星期日

午后与介孙至华园听书。

十二日

午后至会,归途从郭君取玄参三钱。

十三日

上午至会,接尹石公函住大西路八九五弄十六号三楼,电话二二三五八,随即与之通电话。道彤以旧存物托售,因以转托介孙,付介孙□粉二打,又有一千梳一打已现售。

十四日

午前至会,陈诒先来访。据云其兄仁先已于九月一日卒于沪寓,草草在公墓安葬,已费去二百万,若扶柩还乡之事,真无法措手。

十五日

午刻至会,晚归,与虞薰同入城,精神大惫。道彤样品转托虞薰,不知有办法否。缘商店进贷须有发票及税单,而化妆品税新例高至百分之四十五。

十六日

午后至会,归途从传薪借一千五百元。新作者政论文章可不经当局审核而任意发表者仅二人又半,华冈及胡乔木为二人,夏衍居半,乔木又有东南第一枝笔之誉。

十七日

上午从虞薰借万元。下午开会,以天气奇热,仅报告组织合作社而已。三年前在震旦大学图书馆任职之景培元,研究外国书版本,予向未谋面,今日托道静作函介绍,特与之通讯。景培元通讯处:北平内七区台基厂三条一号　中法汉学研究所图书馆。

十八日　星期

今日为户口移动登记之末日,终日为邻人代劳。章次公挈二幼女来,属改定《中医改良促进会章程》及呈请备案文。与亚倩商房租事。

十九日

上午到会。

二十日

下午到会。携归玄参三钱。

二十一日

午刻到会,取下半月薪六万二千馀元折实七五二,前天付配米价,借静山五单位,今还。往次公家交卷。携归附耆等药物四种。还席二项,价共五万。

二十二日

午刻到会,取到配米,恶劣之极,欲贬价售出而不能。介孙、德禄夜来。上午七点半,公安局召开甲长会议,过八时尚未到齐,余不及候,遂先退。

二十五日　星期

与瑜同出。

二十六日　雨

上午警备部召开保民大会。下午至会。虞薰吐血,命其子来取药。下午六时后往访之。

二十七日

晨至会。晚归。

二十八日

晨至会。与静山、偶然、蓬轩、南农午餐于青年会。

二十九日

腹泻,终日未出门。

三十日

晨至会。下午李融之来。三时许,大阵雨约半小时。

十月

一日

北京人民共和政府成立,通令各地放假三天,狂欢十天。午后雨不止。

二日

晨七时至市府,八时行升旗礼,立雨中逾半小时,衣裤内外尽湿。席涤尘下午假文献会结婚,天雨道阻,到者仅十许人,余亦未去。午后介孙、德六来,时大雨不止,水浸入室,不一时内外两室浸水及数寸,因偕瑜避居介孙家。

三日

水再高三四寸,马路深处过膝,午后雨势稍停,入夜又大。

四日

晨,冒雨至会。西仓路一带水深过膝,自肇嘉路出城,一路绝无积水,众生居乐土,而我辈独处水牢,岂非命欤。取上半月薪折实七三八,付房租一个月廿单位。房租言定自七月份起,每月廿单位,以前欠租不计。

五日

雨更大,水势更深,终日未出门。

六日

天气骤放晴,惟旁近水势不退,仍不能出门。今日为中秋节,月色甚好。

七日　晴

涉水至会。今日迁回自宅,房中水已退。

八日　晴

今日大游行庆祝,交通车辆悉停。上午徒步赴会,到者仅五六人,凡参加游行者,已于八时赴市府集合。十时后,东区各厂集合经四川路桥,每排八人,历三小时尚未走完。午刻步行回家,旁晚介孙、德六来。夜十时偕瑜出观,比至法大马路,以大队自东来,折赴跑马厅,途为之塞,遂止足仰观。十一时后,天忽雨,乃急归。十二时后,大雨倾盆下。

九日　星期日　晴

晏起。下午虞薰来。祥大来。

十日

今日本为国庆日,人民共和政府已明令废止,另定十月一日为国庆日。匪机放下降落伞三件,附大旗三方及传单。闸北水电厂炸损。

十一日

自会返城内,游行塞途。拟嘱芳瑜早吃晚饭去看,不料芳瑜已发寒热,因急寻介孙购药,比归,则我亦寒热咳喘作矣。

十二日

市府本约定今明两日派人来本会演讲,此为解放后第一次事,故抱病来会,穿隆冬厚衣而尚发冷。至午刻得电话,谓须延迟一日演讲,因以二时回家。折至章次公家,胸中泛呕不堪,身尤奇冷,遂倒卧于床,不意竟入梦乡,床前窗户洞启,醒后益不能支,急饮滚开水半杯而出。

十三日

今日欲听演讲,不能不勉强出门。午后二时到会,来讲者为秘书处长,发言敏妙之至,历一时一刻即散。归途怕呕,不敢坐车,缓步而归,又冷又惫。

十四日

夫妇均不能起。午刻以字条托房东小孩送苏家,托打电话招次公来诊,次以三时许来,□下川桂枝一钱半、左秦艽三钱、杭白芍三钱,炮附块二钱,生苍术三钱,青防风三钱,清灸草八钱,生姜三片,大枣七枚。芳瑜应服当归、白芍,以热退停服。晚瑞五来。

十五日

今日仍有寒热。下午杜进高忽来,自前年除夕前五六日仓卒分别,颇念其境遇难堪,今乃自天而降,依然故我,可喜也。今日炸南码头等多处。今日广州解放。

十六日

体力稍逊于昨。炸北站附近。昨介德为余购药来。

十七日　晴

未出门。

十八日

午刻往访次公诊。余热度低降亏损太甚,属调理进补,未处方。虞薰以邻近轰炸甚烈,阖家蚤出宵归,散居亲友家。今日挈其次子来吾家暂避,旁晚始归。余劝其偕妻孥移宿我家,不允。

十九日

虞薰仍偕幼子来,旁晚始去。

二十日　晴有云

飞机似未来。

二十一日　晴

上午至会,下午四时后归。新政府各首要人名单已在昨、今两天报上发表:黄任老主轻工业部,沈雁冰主文化,马夷初主教育,胡愈之、叶圣陶主出版。

二十二日　晴

上午至会,为道静代撰挽朱氏表伯母联,并代书。领下半月薪八十八单位每单位八十五元,付房租廿单位,归途至微雨家小坐。虞薰二时来我家候余至六时始归,余归则已七时矣。

二十三日　星期　晴

宴起。午后虞薰来,长谈至旁晚始去。介德夜来。

二十四日

上午至会。下午至古代文物保管委员会,晤尹石公、沈迈士、徐森玉诸君,长谈至暮。该会主任委员李亚农为解放军人。吾乡张阆声先生不见已三十年,今亦在该会为委员,惟今日未来,遂不能晤,闻已悬壶行医,他日当再访之。该会委员中,有名誉职不给薪者,仅每星期到一次,阆声、森玉皆是。秋季房捐四千八百五十八元已付出。

秋季改定房捐章程:

营业房屋百分之十四,住屋百分之八,估计战前房租每年50—200元加三百倍计算,201—500元加四百倍,501—800元加五百倍,801—1200元加六百倍,1201元以上加七百倍。

森玉昨晨甫自北京回沪,临行时见铭心绝品之书三种,索价仅二十万:(一)柳大中手钞《渑水燕谈录》,(二)世学楼蓝格钞《说郛》八函,(三)士礼居影宋钞《仪礼》单疏。凡原本模糊及缺画断笔处,悉经莪翁校识。三种皆有黄、顾诸人手跋,闻为常熟翁氏物,北人贫窘竟无问鼎,森老曾劝北平图书馆务必设法购留,未知能成事实否。又闻北京常有善本书论斤售去改造还魂纸,曾毁去有"晋府藏印"之书甚多,不知确否。

二十五日

清晨至会,旁晚归。

二十六日　晴

十时至会。午刻至开明编辑所访伯祥,不遇,见徐调孚、周振甫,知章锡琛已被排挤辞职,挈眷北行,谋入编审委会,不果。君达、钧正亦北上考查今后出版方针。至大中国图书局,晤顾颉刚。旁晚过三马路,各旧书铺萧条不堪,在汉学书店遇孙伯绳、丁云甫丁乃杨之子,苍虬诗弟子。

二十七日　晴

晨至会。致书颉刚,提议组织史学会。

二十八日　晴

晨出晚归。瑞和停业来访。

二十九日　阴

晨出。午刻至开明晤范洗人、王伯祥、周予同。飞机来两次,上午散发传单,恶劣卑鄙等于村妇骂街,不值民众一笑。

三十日　星期

未出门。午后虞薰来,长谈。

三十一日

晨出晚归。

十一月

一日

晨出。午刻过虞薰处取雅霜,并代其购物。夜雨。

二日　雨

疲惫未出门。

三日　雨

晨出。晚与虞薰同进城。解放后,甲长改称某甲负责人,今又改称户籍服务员。

四日　晴寒

病未能出门。

五日

上午至会。午刻至虞薰处。

六日　星期

未出门。

七日　雨

上午至会。今日折实单位已涨至一一八二,明日尚须再涨七十馀元。连日各物剧涨,惊骇之至,香烟因加税之故,所涨尤巨。领上半月薪十万四千元扣配米二斗五千六百。付房租二万三千六百五十。付梅可钧三万。还煤球一万。还席三一万。

八日　阴

未出门。夜雨。今日立冬。

九日　阴

午刻至会。上午有人来访,未晤,不知是绍虞否。收梅一万一千二百元,配米加六百三十元。

十日 阴

上午至会。晚归作札致绍虞。

十一日 雨

晨出晚归。席三夜来。文献会已决定迁钜鹿路常熟路口。从开明借《新元史》。付电灯费三千一百元。

十二日 雨

午饭后出门收梅一万〇八百元。为亚倩请通行证,预备赴港。晚饭后张宝书送表格来。得颉刚信。

十三日 星期 雨

未出门。

十四日 晴

上午至钜鹿路新址。下午至四川路。

十五日 晴

荟庭来。下午至会。

十六日 雨

未出门。付自来水费九百八十元。

十七日 晴

下午到会,整理抽屉中杂物,移往新址。荟庭夫妇本约今日迁住余家,候之不来。

十八日

下午至钜鹿路新址。至建华公司访荟庭不遇。至修文堂,知实君回沪已十馀日,但未能晤面。

十九日

下午偕瑜往荟庭家,知已迁住四川南路矣。回途至席三处小住。

二十日　　星期

阴历为十月朝。莲青来午饭。

二十一日

上午至会。半月以来物价狂涨不已，折实单位已至二三九三，今日米价涨一万，布价涨二成半，纱价涨三成，明日折实数当更升。下午席三来。席六及介生夜来。

二十二日

午刻至会。今日米油烟皂各物均大涨。米价已达十五万，折实单位已升至二七五三，明日当更升四十馀元。领下半月薪八十八单位存四十，付房租二十。至合作社购香烟、肥皂，久候至二小时，归已天黑。夜饭后本拟出门，天忽阵雨，乃罢。

二十三日

上午剪发。下午出门，于西门口遇姚孟勋，邀至其家长谈。姚氏为大家庭，四世同堂，都三十馀口。仅二人为中小学教员，馀皆高年及妇稚，不能任劳作，此后衣食可虑。至公用局，购水电优待申请书。

二十四日

午后至公用局，缴申请书。再至四川中路原址，知今日已搬完。明日上午移房屋。

二十五日

由东新桥乘电车至钜鹿路新会所，途中约费一小时。访君宾，不遇。今日起电灯每度一九七七。

二十六日

上午至会。取十单位付席一万。晚归微雨。连日物价剧涨，折息亦日高。人民银行收星期存款高至五十元，今日因息太高，故物价有回小之势，政府拘捕做黑市折放者，闻行庄停业者有廿七家之多。席洪夜来。

二十七日　星期

下午访问文霞,知黄致福将来沪,家青在粤新生一女。

二十八日

上午至会。午后访高吹万,穷愁困顿,迥异曩年。松属富家皆破产,封氏藏书亦将分批出售。归途遇雨。取十单位。

二十九日

上午至会。取十单位定购合作社煤球一担。席洪夜来。

三十日

上午至会。午刻至秀州书店取书四种。晚归,在电车晤孙实君,同至其家晚餐。又取十单位。

十二月

一日

午后至会。阅赵俞《绀寒亭文集》。竟日小雨。

二日

上午至会。下午雨止,而阴潮特甚,颇不适。席三夜来。

三日　阴

上午至会。钧明夜来。

四日　星期

席三夜来。访石麒,未遇。访苏祖馀,留夜饭。

五日

上午至会。归晤实君,据云傅沅叔先生死已逾月。席洪夜来。

六日　祈寒

未出门。

七日

上午至会,领上半月薪一〇六单位从本月起每月加三十六单位,付房租二〇单位,付梅十万元。席夜来。

八日

午刻至会。得景培元覆函。付电话二万三千一百五十元(十度半)。

九日

芳瑜生辰,芝青、莲青来。旁晚偕瑜至席处小坐。席复夜来。

十日

天雨,未出门。缮写旧稿竟日。

十一日　星期

下午虞薰来。

十二日

至会。归途遇雨。

十三日

午刻至会。作大宪章测验五题,应市府令。陈仲陶来会就职。仲陶为周予同乡人,吾邑张冷僧任瓯海道尹时,仲陶任秘书,以师礼事张。抗战时,同在重庆农民银行。此次到会,因予同关照,亟访余,袖出诗词稿,有仁先、少滨、吹万、鹓雏诸人题辞。收梅二万八千八百元。

十四日

午刻至会。价领棉制服值,十八单位,收梅三万一千四百馀五万转道彤。瑞五夜来。

十五日

早出晚归。

十六日

早出晚归。收道彤五万,付水费四千四百元。

十七日

早晨至会。午后为同人测验卷评分。得绍虞电话,知振铎已随董必武来沪,住百老汇大楼十三楼四十号。席夜来。

十八日　星期

是日阴历十月廿九,为余生辰,吃面。午后本甲市民开会,选出户籍服务员及卫生小组长各一人。晚访文霞,知黄致福尚未回沪。

十九日　雨

早出晚归。

二十日　雨

早出晚归。瑞五夜来。致郭绍虞函。

二十一日　阴

上午到会。下午陈永祺来访,别二十馀年,见面不相识。

二十二日　雨

今日冬至。上午到会,领下半月薪扣制服费五万二千〇七十四元廿六万一千二百元购折实十单位,付二万九千五百。付房租廿单位,五万九千一百四十。

二十三日　雨

上午买米五斗七万二千。午刻到会。下午同人茶会,送黄汉升赴华北大学,迎陈仲陶。归途欲购伞不果。

二十四日　晴

上午到会。下午虞薰及席氏昆仲均来。

二十五日　星期　阴

晨七时半,警局派人来,会同向本甲各户覆查户口,直至下午三点始毕。自日寇投降后,我即任本甲甲长,至今日始得卸责。

二十六日　雨

早出晚归，着冷颇不适，夜间尤畏寒，有小寒热。

二十七日

病卧不能出门。瑞五夜来。

二十八日　晴

早出晚归。虞薰、德六、瑞五均夜来。

二十九日　晴

旁晚大雨，归途至席处避雨。

三十日

上午雨。下午至会。旁晚虞薰、二席来。

三十一日　阴

各局处发动认购公债，吾会中同事仅二十三人，人少力微，不能不强为点缀，余认八分，全体约可得一百五十分。

一九五○年

一月

一日　星期日　阴历乙丑十一月十三日

未出门。二席相继来。戌亥之交,阵雨鸣雷,真异事也。

二日

连日少睡,倦甚,今日卧床未起。

三日　阴

晨出晚归。

四日　阴　下午雨

上午有飞机来散传单,收到合作社配售之米、油、糖。

五日　阴

下午飞机来约四五架。吹万来访,知余樾园下世已数月。介生家晚餐,晤丁树屏,知霆锐在台南执业,道始同往。

六日　晴

仲陶诗词甚佳,到会未及一月,将改就人民银行事,别易会难,古今同慨。瑞五夜来。

七日　晴

领上半月薪一○六单位还前天借十单位,扣米煤等配价,净收廿三万四千七百元,付房租廿单位。买饼干一万〇二百元,飞马五百支二万元。

八日　星期日　晴

宴起。

九日　晴

校《叶忠节公集》。付电费扣优待四度二万元。

十日　晴

午刻归。偕芳瑜至莲青家。

十一日　晴

上午席三来。午后至会,得王伯祥书。

十二日　阴

得骆无涯讣。观《窭存》四卷,胡式钰撰。胡氏五十二岁时患癣,用生大黄根濡醋擦之,两月而愈。越四年又发,仍以此治之,则不效,改抹柏油而愈。又云,千里明光草,产洞庭山南,疯癣及痧症受风而痒者,用以煮水薰洗便愈。《酉阳杂俎》载,拂林国产阿勃参,斫其枝汁如油,涂疥癣,无不瘥者。

十三日

下午至协大祥、顺宝手,购竹布、挽联,付八千八百元。

十四日

写联挽骆无涯:

风雨昔同舟,方期劫后馀生,握手共谈荡寇志;

别离逾廿载,何意缘悭一面,伤心谁与诉衷情。

十五日　星期日

席三夜来。

十六日

上午往圆教寺吊无涯,遇徐志仁,知无涯以自设书店存货难销,而债台高筑,以忧惧致疾。夜与亚倩谈。

十七日

天气甚热。农花电话约晚间顾谈,候之不来。

十八日　雨

午后农花来。高君宾来谈乡间情形,甚惨。石子家遗书渐为驻军毁损,与余商安顿之法。借五单位,付水费扣优待券三千三百元一千一百元。

十九日　阴

再借五单位。付冬季房捐二万五千元。席夜来。

二十日　晴寒

连日钞上海人碑传遗日。

二十一日

筋骨酸楚,惫不能兴。旁晚始起坐,食粥。

二十二日　星期日　阴

钞全榭山文二篇。席夜来。

二十三日　晴寒

领下半月薪一〇六单位(四一七九)还十单位存五十单位,净收廿一万七千元付席九万元。购烟六百支二万六千七百三十元。

二十四日　晴

二十五日　晴

农花来。收回折实单位五十分(四七〇一),改存星期存款十五万元,馀八万五千元。午后至极司非而路阅肆,遇叶名山。飞机来约七架,投弹于小东门热闹地区,死伤甚多。又中南市某油栈,黑烟蔽天,历数小时始散。馀如杨树浦及浦东亦投数弹。虞薰家在小东门,距投弹处甚近,不知平安否,甚念之也。黄昏后阵雨。

二十六日　阴

以电话问虞薰,知举家饱受虚惊,幸无损伤。昨日小东门信大祥炸去屋顶,协大祥则毁玻璃棚,宝大祥击毁招牌。飞机来时,以机枪先射十分钟后再投弹,协大祥夥友四散奔避,留店者六人均未伤。虞薰云江边有运输舰两艘,当是投弹标的,今晨该舰已离去。

二十七日　晴

宝麒任财政局稽核课事。昨夜席三去甚迟,逾午夜始睡,今日疲惫不堪。连日阅《梧溪集》。

二十八日

感寒疲惫,终日卧床。

二十九日　星期

旁晚始起,剪发。

三十日

上午至会。萃五夜来。

三十一日

上午至会。临褚《圣教序》,拟以此为日课。

二月

一日　雨

收回星期存款连息十五万八千八百五十。付二月份房租廿单位,计九万六千四百元。农花来。

连日朝出暮归,无事可记。余在此任甲长三年,极力顾念居民,遇有必不得已之捐,则向有力者三四家劝其分担,若普通贫苦之家,终年不知有捐征之事。现在取消保甲制,每段设户籍服务员一人,卫生小组长一人,建设尚未开始,先向各户征收卫生设备费,至少一单位,富有者逾十单位。又公雇扫街一人,每户亦月费二千元,邻里多有怨言。

四日　立春节

五日　星期

睡至午刻始起,苏祖馀约午餐。张宝书来,为其乡人觅屋。席三夜来。昨日飞机至浦东投弹,今日又来散发传单。近来在江边南码头一带建造大批登陆舰,前日有百馀只落成下水,投弹之目的或即在此。小荣自常熟乡间来,据云种田十亩以下者,每亩征粮八十斤,与往年还租之数约略相等。初解放时,贫民无赖者每有劫夺窃取之事,被害者无从申诉,近已严厉制止矣。

六日

青儿夫妇已从广州回沪,仍住来安坊,今日午刻往访,留饭。郭绍虞来访,不值。

七日

领二月份薪二百十二单位存百五十单位,扣合作社物价五八七七〇,实收廿五万九千付席十万元,香烟二万三千八百。夜大雨,子刻雷。

八日　雨

午刻大雨。尹石公约二时来访,以雨阻。今日气候极潮,墙壁皆出水。身惫似寒热,午刻吃面,略一沾唇,竟不能下咽。二席夜来。

九日　雨

早出。午吃广东馄饨。至青儿家,以香烟肥皂赠之。青之乳母住南车站附近,前日邻居被炸,仓皇逃出,明日嘱其至大兴街看屋,不知能成否。连日伤风气喘,今日略舒。付电灯费二万四千八百。

十日　雨

　　午后出门。

十一日　阴

　　取折储四十单位,计廿四万四千一百付煤球一担,三万八千。今日公债牌价改为二三三五三,校上期涨七二七六。电车中遇何侠夫,略谈乡村困难状况,顷已谢各校职务,拟来沪别谋枝栖。

十二日　星期　雨

　　购薄稻五斗,价十五万五千。致福夜来。

十三日　雨

　　午刻始到会。高君宾来访,未晤,以《点石斋画报》十册留赠。萃五夜来。

十四日　阴

　　昨晚得情报,谓有大批飞机定今日由台湾来袭,故警局派人通知水电厂附近居民,连夜迁避,但今日气候甚恶,未见机来。取三十单位。

十五日　阴

　　愈不能起。午刻强起,出席市民会议,商防空掘井事。下午买附子、党参、当归各半两价一万六千二百,与旧存之黄耆煎服。闻昨日有飞机百架,分赴宁、汉及青岛三地,不知确否。市府各机关取销春节例假,以下午四至八时办公,馀时轮流值班。付席五万。

十六日

　　午出,四时归。取二十单位。祖馀与赵君夜来。洪君夜来。候萃和至深夜始睡。

十七日　阴历庚寅元旦　晴

　　下午至会。家福来,未遇。

十八日 阴

郭石麒、袁雪江、王成章来贺岁。午后见晴光，群疑飞机将至，及晚无事，心始安定。四时至会，闲谈至六时散。

十九日 星期 晴

飞机来二次，初散传单，午刻再来，投一弹。四时至会，稍坐即行。萃五来。

二十日 晴

上午德六来。午刻芝青携二女来，偕芳瑜至邑庙购玩具。余拟赴会，在西门被窃，钞币尽失，因折回邑庙，寻芳瑜，不值。将归，在衕口遇苏祖馀，随至我家小坐。家福来，云欲投考军政大学，但恐未必及格。微雨来。飞机来投弹。

二十一日 晴

飞机来投三四弹，闻闸北水电厂着一弹。尹石公来访。

二十二日 阴

至开明，晤范洗人、周予同。至大东，晤徐蔚南。大东昨日奉到停止印钞之命，不啻致命打击。萃五夜来。

二十三日

孙实君来。下午至会，市府自昨日起改办公时间为下午四至九时，吾会独未改。至秀州，观乾隆刻上海、华亭两《县志》。飞机来，弹落浦江中。

二十四日 晴

晨出，值警报。在西门候电车，约十分钟。凡遇警报，则停电也。昨见两《县志》归文献会，收购价三十万。家福要考军政大学，为写证明函。向合作社购飞马烟，一条价二万二千八百，市上另售价，则每包为三千一百五十。

二十五日

午刻,至秀州,遇徐子高、郭石麒。取十八单位。

二十六日　　星期

午刻,祖馀来。旁晚访虞薰新居,阴历年终以五千万购得者,甚舒适。虞薰以硤石年糕赠我,久不尝此味矣。晚饭后虞薰复来小坐。

二十七日　　晴

上午至会。徐子高来谈。萃五来。防空会议。

二十八日　　晴

上午至会。午刻赴苏宅喜筵祖馀次女订婚。德六来。

三月

一日

上午至会取三十单位,付房租廿单位。

二日

周身肉痛不能起身。午后到会。

三日

上午到会。旁晚至秀州书店,与石麒同归。

今日发表春季房捐征收办法。住户捐率为百分之十。

基数	倍数	基数	倍数
50—200	8000	201—500	9200
501—800	11000	801—1200	13000
1201 以上	15000		

四日

领上半月薪存八十单位,扣车力三百十六万七千九百。汉学书店已由杨金华出顶,今日往观其存书,选购四十馀册,付值二万。萃和夜来。

五日　星期

旁晚偕芳瑜至西门,绕行一周。

六日

上午至会。取三十单位,在土产公司购腌肉四斤一两,价二万九千二百五十。

七日

上午至会。购协牲煤球、普通原子各一担,付六万五千五百。又购飞马烟三条半,生梨一篓。

八日

上午至会。下午往访张阆声,已赴杭就图书馆长新职,晤其女。付电费三万八千元。萃和夜来。夜大雪。

九日

午后至会。单位日缩,今日尽取所存五十单位。

十日

存星期存款廿万。石麒携来原刻《研六室文钞》。旁晚与石麒同往子高家观书,子高以《江上云林阁书目》为赠。

十一日

旁晚至席三处小坐。

十二日　星期

下午祖馀来谈以即夕返乡。席夜来。

十三日

上午赴会。午后回家小憩。五时半赴市府,出席中苏友好协会。

十四日

午后赴会。在电车中遇尹石公。午刻,飞机二十馀架炸龙华机场。旁晚至青儿家,知家福已赴松江受训。海上监犯将悉数移东台垦荒,定廿二日启行,属各犯家属备六天干粮及衣被等物。家属如愿同往者,先行登记,过三个月后再去。致福之表叔梁某,去年以烟案被判六个月徒刑,至今年四月四日届满,今亦在遣中,其妻悲哭求援,余实无能为力。

十五日

买腌肉二斤十二两,价一万九千八百。柿饼二斤,价四千。付水费一万三千。至萃和处小坐。

十六日

上午赴会。午后君宾来,同至何嫂家小坐。在实君家晚饭。晤君藩。

十七日

取回星期存款。付春季房捐十三万〇五十元。萃和夜来。

十八日　雨

文管会陈郑中来,借书二册。

十九日　星期

下午访虞薰长谈,借来舒新城《恢复健康法》一册。

二十日

上午开防空分组会议。下午文管会在大三元召开会议,到十七人:徐森玉、柳翼谋、尹石公、李芳馥、王育伊、陈郑中、阎人诣、吴觉以上八人本会、阮学光市立,顾起潜合众、李寅文鸿英、林斯德东方、张树鹄沪江、黄维廉约翰、童养年光华、楼云林中华。归途至萃和处小憩。区办事处昨接公文,谓近来劝募公债,发生偏向错误,故里弄劝募暂缓进行。防空听音机装置完成,今日初次试用。飞机上下午各来一次,未投弹。

二十一日

上午到会,下午薛思明来访。思明为先师薛公侠先生子。师一生谨慎,不料于沦陷时被日本人拘留狱中,绝食而死。思明克绍家学,历任中学教职十七年。解放后当局要其赴东北,思明以家累身弱辞,遂失业。今春,原校市立复兴中学师生同意邀请回任,而教局执不允。萃和夜来。

二十二日 雨

领下半月薪六十三万二千四百付新华卅万,萃二十万。

二十三日

小极。旁晚至大陆访虞薰,折至席三处小憩。席来。

二十四日

下午到会。君宾携来《姚氏书目》。发阆声、天放函。

二十五日

高君宾来。薛思明来。苏祖馀来长谈,以商业坐困,言出泪随。

二十六日 星期

病卧终日。

二十七日 雨

得阆声、天放覆。午刻访君宾。午后访致福。萃五夜来。

二十八日

上午至文管会,晤森玉、石公谈姚氏捐书事。至致福家午餐。午后君宾来。旁晚至秀州小坐。道彤以其父朴安先生《读书记》稿本嘱阅。

二十九日

午刻至会。四时至开明,晤予同、伯祥、洗人。至大业印局访徐志仁,不遇。取回新华存款三十万,息七千八百元。购公债四分,计十一万八千八百元。

三十日

午后傅植夫来访。旁晚小雨。至萃和处小憩。

三十一日

石麒送来《钝翁类稿》,印本尚佳,惜有破碎。

四月

一日　阴历二月望

早出,理发。购合作社烟四条,皂二条,糖五斤。晚归绕道过青儿家小坐。付房租廿单位。萃五夜来。

二日　星期

三日

文管会派人来摄取弘治、嘉靖、万历三《志》影片。午刻至叶铭三处观书,皆新购自吴静安家者。余取《东观馀论》及近人墓志一函。《东观馀论》为余廿年前手临沈寐叟校本,重收入箧,聊以自娱。墓志亦大半为余旧物。静安要去,已加工装治矣。又王静安墓志并盖二页,余本拟与王氏尺牍合装,为静安借去,久索不还,至为怏怏,今乃原物重来。

四日

下午五时与姚念祖纪祖昆仲、高君宾、周迪前、沈思期聚谈于世界书局,商姚氏捐书事,议决推余先向南洋中学协商。随同赴聚昌馆夜饭,归家已十时。

五日　雨

领上半月薪存四十单位,还十单位,扣合作社物价二十三万馀元付席十万。旁晚冒雨访天放,谈姚氏捐书事,天放仍要余亲往与培孙面谈。

六日

取十单位,购烟四条。君宾来。付铭三书价三万元,又取《清仪阁题跋》两种,《柳商贤文集》三册,《惜抱尺牍》二册,《张涧于书牍》五册,《南来堂诗注》三册,《一士类稿》二册。至实君家晚餐。萃和夜来。

七日

下午森玉、石公来访,谈姚氏捐书事。

八日

五时后约君宾在实君家聚谈,遇颜料商戚君,喜购碑帖。祖馀夜来,长谈。付电费二万二千五百。

九日　星期

石麒来。下午访君宾,同至萃和处小憩,复至羊城吃点心。再同访端志,遇朱履诚、王杰士。

十日

午后与石麒、铭三至旧货店,观张仲昭家散出之书。森玉、石公来电话,约明晚小酌。与君宾、迪前同观姚氏沪寓存书。严载如来访,不值,以所著《海藻》八册留赠。萃和夜来。

十一日

上午至实君处借《管子学》。偕君宾同文管会。下午寻铭三不遇。饮于同宝和,到徐森玉、柳翼谋、尹石公、宋小圃、顾起潜、高君宾、周迪前、孙实君。付水费九千七百元。

十二日

购《李文忠全集》一百册、《续通鉴》六十四册、《张季直年谱》二册、《吉阿都统奏议》十册、姚氏《汉书平点》一册，付价九万。观姚氏书。

十三日

石公来，同访君宾，商定姚氏捐书契约大旨。再与迪前观姚氏书。

十四日　大雨

午后偕君宾至文管会，交付草约，复同往席三处。

十五日

十六日　星期

连日偕迪前检阅姚氏寓藏书。

十七日

十八日

石公交来捐书合同，一式两份。

十九日

上午以合同交君宾。

二十日

午后石公来，同访君宾，不值。领到下半月薪五十七万二千。5550。

二十一日　雨

文管会送来顾问聘书。

二十二日　晴

晨起，至李鼎和购笔。从坊肆借《姚春木文集》，钞《张查山墓志》一篇,装于查山所辑王玠右集卷首。席三来。

二十三日　星期

下午至修文堂托购毛边纸一刀。

二十四日

文献会印格纸,余附印毛边一刀。上海自有电车以来,其定价逐步高涨,从未有减削者。本月十六日废除优待券后,短程票价一律削减,今日再减一百元。今日石公、君宾等同往张堰接收姚氏书。

二十五日

昨日起感冒咳嗽,今日觉有寒热,精神惫甚。

二十六日

病卧终日。

二十七日

勉强出门。归途在萃五处小憩。

二十八日

勉强出门。下午访李融之,为余处方。

二十九日

病卧终日。

三十日

下午访虞薰,长谈。剪发。付煤球三万八千二百五十,房租十一万一千二百五十。飞机夜来未投弹。5563。

五月

一日　劳动节　星期一　晴　阴历三月望

受寒咳嗽,服李融之药后仍未愈。午后至萃五、虞薰两家小坐。

二日　星期二

力疾赴会。莲青来。鸿勋夜来。今日抄电灯火表为8455—84948。

三日　星期三

从林星垣借《古今》，钞旧作《记江召棠案》一篇，因前月以旧藏《江召棠绝命词》照片九帧捐赠文物保管委员会，该会来函征求本事也。君宾上午来访，不值。

四日　星期四

上午赴会。小极，未进午餐。同事于彦章有友知微居士，善紫微斗数，今日来谈，并为余看过去流年，乃无一语相合，奇哉。下午君宾来，知姚氏书已于上星期六运到上海，一切顺利，石公且曾便道往观君定家藏书，亦已遭劫，惟不若姚氏之甚，将来恐非捐赠公家不可。

五日　星期五

领到上半月薪五十二万四千元，内扣去救济失业工人七.○六七单位一日所得，又三、四月份印花税七千六百○九元，车费七百四十九元，今日折实单位价五三八一。陈鸿勋夜来，迎芝青及其二女同归。

六日　星期六　今日立夏

下午访实君，未遇。钞陆俨山事迹。

七日　星期日

上午萃和遣其子送药来，试之甚佳，即付值念万。至实君处长谈，遇袁雪江。归途绕道复兴中路阅肆，购《烟屿楼读书记》八册，值五千。晤周迪前。

八日　星期一

病卧终日，未出门。

九日　星期二

上午至会，钞陆俨山事迹数则。付电灯费二万一千五百五十元。

十日　星期三

上午至会，钞《俨山集》。下午至文物管理委员会，与森玉、翼谋、石公、渠清诸人同出至实君晚餐。今日为酒会第一期，到十二人，各出费一万，以后每两星期举行一次。在实君处取《上海文献》一册，价三万，静山托购。石公因文物会人少事繁，欲余约文献会同人担任编纂综合书目，余未敢允。

十一日　星期四

下午赴会，以《上海文献》交静山，商编综合书目事，均无此兴趣。

十二日　星期五

吴农花来。余售《南社》于文献会托实君代开发票。夜九时许，有美机来，击落一架于浦东。

十三日　星期六

农花旁晚来家。

十四日　星期日

午刻农花持药来，立刻煎服，良佳，留午饭。饭后微雨，以公库支票送交实君。至萃五处，知郭某以旧案被拘。

十五日　星期一

连日癣疾奇痒难忍。下午至会。农花来，付药价十五万。旁晚访虞薰。付水费一万一千八百元。

十六日　星期二

下午至文物会,晤石公,森玉已赴苏北探新发现唐人墓。

十七日　星期三

与秦翰才通电话,以新得《湘阴相国文钞》告之。虞薰晚来。

十八日　星期四

翰才来访,未晤,取《湘阴文钞》去。农花晚来。

十九日　星期五

至虞薰家取雅霜,复至大陆药房,取款转交农花。终日风雨。

二十日　星期六　阴

领下半月薪扣印花税及工会入会费五十四万五千元,付农花十五万。农花夫妇夜来,又借去一万。留五万交君元托买香烟。

二十一日　星期日

午后过苏祖馀,长谈。至辣斐德路阅肆,购缪刻《三唐人集》,粤刻《陈后山集》,影印□□□□等书,付值一万八千元。

二十二日　星期一

君宾来,未遇。

二十三日　星期二

连日小极,晚间以厚被蒙卧得汗,稍觉爽快。

二十四日　星期三

下午工会成工①。君宾来。

二十五日　星期四

二十六日　星期五

病,未出门。是日咳嗽见血。

---

①原稿如此。

二十七日　星期六

下午三时在觉林追庆姚石子六旬冥寿,并举行献书典礼,到百徐人。事毕,与君宾至萃和处小坐。

二十八日　星期日　微雨

农花来。阅肆无所获。

二十九日　星期一

叶名山送来《管子学》散片一部,所缺不多,惜曾遭水湿。虞薰、农花夜来。

三十日　星期二

整理《管子学》散片,竟日未毕。石印书而不注明卷数及叶数者,从无前例。印成之书,既不赠人,又不发售,使读者求之累年不获,然其结果则水渍虫啮,论斤而斥去之,是诚何心哉。

三十一日　星期三

《管子学》缺六十八叶,拟补钞足成之。市府人事处理委员会派周之德同志来,谓拟介绍朱凤蔚来本会工作,征同意。

六月

一日　星期四

今日吴、姜二公去市府与武秘书接洽,不遇。几绝粮,农花交来半包。

二日

吴、姜又往市府,武秘书嘱函告人事处,谓目前不能增添人员,俟整编后再商。白蕉来,适开会,未及多谈。85492−84948＝544。

三日

人事处函尚未送出,而凤蔚清晨即到,全付老官僚习气,使各同事大不满意。姜君再往市府，武秘书谓与秘书长商后再决定。文物管理会送高宅捐书契约来签字。该会已接收静安寺路青年会大厦，将扩充。华东文物处至今未成立，闻唐弢将邀郭若虞共事。

四日　星期日

午刻农来一包。

五日　星期一

上午至市府访周之德。下午领上半月薪四十九万元内扣购物七八七三〇，税及车费二〇〇〇。迪前来访。

六日　星期二

农花夫妇来。

七日　星期三

偕凤蔚同赴午餐，复同访徐朗西。文物会同人招饮于唯一闽菜馆。散后复与君宾至徐家小驻。

八日　星期四

旁晚至家青家小坐。致福一筹莫展，而浪费依然如故。朋燕曾来沪，已于月初回乡，乃不与我一见。此两家来日可虑，恐都是时代之牺牲者，奈何。付六月份电灯费二万五千八百六十元。

九日　星期五

天气转晴，风和日暖。午后石公、君宾等四人同车赴松江，接收潜庐藏书。道静从警局得消息，谓文管会有失窃碑石之事，询之石公等，均不知，奇哉。石公言，周孝怀著书以《周易·杂卦》推算社会发展程序，书成于民国十五年，而近十年事莫不符合，文亦奇丽，可喜。俟石公归时，拟同往访之。

十日　星期六

归途至实君处小坐。日前文管会致函警局，略谓如有人私将古物盗取或偷运出口等事，请警局协助制止，报馆记者误以为文管会古物被窃。

十一日　星期日

农花夫妇来。未出门。

十二日　星期一

任筱珊之子娶高君藩之女，今日在康乐结婚，刘晦之为媒，徐铸成证婚。君宾、石公已于昨日由松江赶回，运到潜庐藏书百馀箱。君定亦以今日由杭州回沪。葛咏裳来。

十三日　星期二

下午访君定于白利南路宅中。君定卜筑此宅已逾十年，余畏路远，从未往诣，实则距兆丰花园甚近。

十四日　星期三

高君宾来。葛咏裳来。

十五日　星期四

午刻雨，转寒。

十六日　星期五

工会发动驱逐朱凤蔚。

十七日　星期六

午后李融之来访。付自来水费一万六千二百元。

十八日　星期

晏起。午饭后至苏祖馀、陈虞薰两家长谈。坊间出版之《当代名人小传》、《慈禧外纪》等书，往往题"沃丘仲子费行简撰"，实则沃丘仲子与费行简为二人。仲子姓孙，名学濂，字仲约，号理卿，贵州遵义人。避兵来沪，穷途落魄，瓣香庐主人崔君骥云怜其才，招致宾馆，投稿各报，遂享盛名与。费行简字恕皆，吴兴人，先后主教仓圣大学。姬觉姬①尝嘱仲子仿《红楼梦》格式,撰章回小说,以哈同花园拟大观园。未成稿而卒。虞薰曾任职瓣香庐及仓圣大学,与之共事多年,故知之甚稔云。

十九日　星期一　端阳节

君宾来。微雨。凤蔚回学习班。

二十日　星期二

开始整理文献会藏拓本,领下半月薪五十四万八千五百元今日单位五一七五,扣除公会费一〇九七一,印花税一六四六,车力二〇〇,购物三种,煤球二担三六〇〇〇,DDT 七一一〇,飞马烟四条六一二〇〇,实收四十三万一千四百元,付席三万五千,顾一万,付夏季房捐十万四千〇五十元。

二十一日　星期三　雨

晚归后从虞薰借粮,颇不适口。

二十二日　星期四

粮尽矣,有约不来,甚怏怏也。今日夏至节,淫雨潮闷,至不耐。

二十三日　星期五

昨夜大雨不止,今晨庭中积水已逾二寸。卯辰之交,延入房内。午后冒雨涉水出门。从顾处得半包,坏极。晚归,水更高矣,购套鞋,价四万七千。

二十四日　星期六

晨涉水出。农花来。君宾来。旁晚略见日光,水已稍退。

二十五日　星期日

夫妇同感不适。旁晚剪发。购午时茶,令芳瑜煎服。

---

①原稿如此。

二十六日　星期一

君宾来约,定明晚公贺石公,为其乔迁新宅也。祖馀来长谈,以青卡其二丈见惠。

二十七日　星期二

晚宴于石公新宅,到翼谋、森玉、君介、君宾、纪祖、念祖、起潜、迪前、实君。石公赠余石印《榕邨语录续编》。真如区以庙前山门阻碍交通,拟拆除,又恐违保护古迹之令,来文请示,森玉交余查覆。

二十八日　星期三

旁晚过秀州书店。

二十九日　星期四

昨闻辣斐德路小书铺有乾隆中上海田赋册十馀册,今晨往觅之,已先日售去,怅甚。

三十日　星期五

旁晚大雨。农花夫妇来,久留不去,可厌之至。

七月

一日　星期六　阴历五月十七日

午刻候君宾病。以电话向尹石公索借《淳化阁帖》,并介绍秦翰才。

二日　星期日

午后,秦翰才来,述黄任老两上万言书之大意。为作介绍片,因渠欲往文管会观《张啸山日记》也。今日火表为八五八四,前月共用电四度。旁晚至萃五处。

三日　星期一

夜半大雨,迄天明始止。道路积水较旬日前更甚。西仓路阴沟曾于前日疏浚一次,故出门尚能通行。

四日　星期二

补钞《管子学》缺叶毕。午刻雨止转晴,闷热难堪。途遇石麒,谓有棉纸印嘉靖以前刻本类书八十册,为上海人李某撰,查县志不得其名,曾嘱其取观,不知能果来否。

五日　星期三　晴热

领上半月薪,扣除合作社物价及工会费外,实收四十三万七千四百元。付房租十万三千五百六十元,付席十八万单位价五一七八。虞薰来。南北朝鲜战事日剧,闻美国兵已参加作战。

六日　星期四　晴热

付电费一万七千三百元。

七日　星期五　晴热

和平签名运动。值日,迟归约二小时。午后至文管会谈保护松江《急就章》、《地形图》诸石刻事,并商量姚氏取回一部分废书事。

八日　星期六

感寒湿阻,咳嗽气急,勉强到会。

九日　星期日

至江湾访郭绍虞长谈,即在其家午餐。

十日　星期一

夫妇均小极。晚归便从志席处取一杖。致绍虞函。

十一日　星期二

得予同函,并转到唐弢函。

十二日　星期三

旁晚过秀州取万元。付水费一万二千八百。

十三日　星期四

连日闷热难受,今日稍凉。

十四日　星期五

莲青来电话,约明日吃饭。

十五日　星期六

偕芳瑜、芝青同赴荟庭家午餐,以莲青生日也。

十六日　星期

未出门,莲青来。

十七日　星期一

上午为林星垣写扇。

十八日　星期二

上午偕高君定、姚昆群同赴文管会。从石公借影印玉泓馆《阁帖》。

十九日　星期三

得周谷城函,要余加入中国新史学会上海分会,为正式会员。

二十日　星期四

领下半月薪,扣除购物及米价,实收四十一万。付农花十五万。购米六斗,分三期扣。

二十一日　星期五

二十二日　星期六

二十三日　星期

下午理发。取配购米。

二十四日

　　晚饭后访苏祖馀,介绍翠华颜料。

二十五日　星期二

　　下午白蕉来,迫其为星垣画扇。

二十六日　星期三

　　下午君宾来。

二十七日　星期四

　　葛咏莪来。

二十八日　星期五

　　以《快雪堂集》首册交惠泉。尹石公来,云市府以保护古迹名胜告示一大束交文管会发贴,故来商。

二十九日　星期六

　　文管会派申君来,商定古迹若干处及路线。今晚市府由文代会、文化局新闻处举行晚会,余归家后颇疲倦,遂不再往。

三十日　星期日

　　闻复兴中路有一新开书店,往观之,主事者为一安徽人,余姓,不解书,其店中所储旧本书,大半为子高寄卖。

三十一日　星期一

　　明日八一纪念游行,年老身弱免去。去者须于今日下午九时即出,分区排队,夜半二时方齐集跑马厅开会。

八月

一日　星期二

　　昨日夜半阵雨,游行者正群集跑马厅,受淋耐寒,至上午九时后始出发,归家已在十一时后矣。下午至葛家晤咏莪、舜弦父子。

二日　星期三

尹石公来电话,约余四日往文管会讲演。

三日　星期四

徐森玉电话告魏廷荣之约。

四日　星期五

上午九时至徐家汇路高恩路口访魏廷荣,观其园中《潘恭定公神道碑》、《谕祭文》两大石,文长且模糊不能钞录。闻张石园处有拓本,当往索之。魏氏又藏《大观帖》及《清歊阁帖》石,允以拓本见贻。下午至文管会,演讲"中国图书之分类"。

五日　星期六

领上半月薪今日单位为五二〇九,付房租十万四千二百元,付农十六万。

六日　星期日

付电灯费一万八千五百元。

七日　星期一

金篯孙先生以五日逝世。

八日　星期二

九日　星期三

君宾来访,带来白蕉书画扇二页,分赠涤尘及余。

十日　星期四

魏氏所藏《大观帖》乃二十年前从硖石购来。兹检《海昌备志》四十九《采访日记》曾记及此:"丙午闰五月朔,晨至赵家汇曹氏吟月轩,桐石明经旧居也。其子辛浦步垣,孙篁坡锺皆他出,轩旁琐琐葡萄树,载《硖川志》。凤闻曹氏有旧碑刻,析为数处,拟合而拓之,故特访焉。吟月轩阶下有数石,谛审之乃《大观帖》,乃留小简与主人,出。饭后曹篁坡至,言已与族人约,合碑刻可拓也。"

十一日　星期五

旁晚至秀州书店,遇苏君。

十二日　星期六

至秀州遇苏君、石麒诸人。付水费一万八千四百五十元。

十三日　星期日

旁晚偕芳瑜至蓬莱路散步。

十四日　星期一

晨起,至河南路购笔。访张石园,索潘氏墓碑拓本,允检出送来。下午至文管会,取姚、高二家新书复本《内经》,顾尚之遗书《王遵岩集》、《素心簃集》各二部,又取到魏廷荣赠文献会《大观帖》及《清歠阁藏帖》拓本。旁晚至秀州,借《海昌备志》,查阁帖渊源,盖此石为海宁曹氏物,民国九年从硖石购运来沪。

十五日　星期二

杨金华、傅植夫来买杂志十九册。

十六日　星期三

售去明人沈恺《环溪集》,得廿四万。

十七日　星期四

农花来,付十六万。病假未出门。查户口。

十八日　星期五

文管会赠姚氏复本新书两种,计《汪氏丛书》二十册、《观堂遗墨》二册。归途遇雨。

十九日　星期六

以惠兆壬《帖目》、《鸣野山房帖目》校魏氏残石拓本,作笔记二则。

二十日　星期日

下午二时,新史学会开座谈会于番禺路,余因病未去。

二十一日　星期一

领下半月薪单位五二〇九五五二一五四。扣米四一六七二,公会费五五二二,飞马烟四条六四八〇〇,白糖三斤三〇〇〇〇,生油三斤一六五〇〇,酱菜二三〇〇,茶叶十二两三四八〇,实收三十八万七千六百内扣车力一八八。

二十二日　星期二

杨金华来售《至元嘉禾志》。

二十三日　星期三

石麒携来万历刊本陈眉公批《东周列国志》。从秀州借来《南村帖考》。

二十四日　星期四

文管会送来刘晦之赠《辟园史学四种》。魏廷荣赠《刘石庵帖》皆致法梧门尺牍、《陈抟十字帖》。从农购十六万。以旧扇面三页配竹骨,付价九千元。归途便道访顾天放。

二十五日　星期五

阅肆见王绥珊旧藏书数种,内有上海人选本两种:(一)《文翰类选大成》一百六十三卷,明淮府左长史李伯屿辑;(二)《古诗类苑》一百三十卷,张之象辑、俞显谟校刊、黄体仁序,录其款式,以补《艺文志》。朱惠泉以六十万元购留《东周列国志》十二卷一部,为万历刊陈继儒评本。十行二十字,每卷绘图五叶,极精。此书日本内阁文库有一部,国内则惟此为仅见。北平图书馆所藏虽亦为万历刻,然是朱篁校本,每卷首题"朱篁校正",每回后无眉公评,半叶十一行,此其异也。今惠泉所得本缺第八卷,旧用朱篁本影写补入,描写极工致,与印本几难辨别。图则用石印补入,以钞配为嫌。

我则以为如此可并见两本面貌,岂不更可喜耶。卷五尾缺五回,曾经巧工割治,天衣无缝,苟非我今日为之指出,则惠泉及诸书友皆不能觉察。明刻《列国志》字句与清朝刻本完全不同,与弘治本《三国演义》之异于清刻本,正为同一性质。盖现行之本,乃经过许多人随时修改而成,非作者原稿,即如此也。此书卷首有《提纲》一篇,乃作者自撰,自称其名为邵鱼,此即《列国志》作者之名,而当代研究小说诸专家所未知也。

二十六日　星期六

二十七日　星期日

小极,未出门。

二十八日　星期一

二十九日　星期二

三十日　星期三

至席三处得药物半料,甚佳。

三十一日　星期四

章次公晨来。借静山十万元,付席。

九月

一日　星期五

此数日恿甚,未写日记,过后竟不能追忆矣。

二日　星期六

石麒来,代我售去日本钞本李是庵女史诗二册,得十万元。电灯点六字。

三日　星期日

终日卧不能起。石麒送阅残本《篁墩集》，毁损甚重，且无用。

四日　星期一

晨起晴朗，巳刻起大雨，至晚不休，候至六点半，雨势仍不减，乃雇三轮车回家，衣履尽湿。夜间水浸入房。

五日　星期二

晨起，庭户水浸半尺。雇车至东新桥，欲乘电车，不料电车亦因大水停开，乃至大世界搭三路公共汽车。下午晴霁，归途折至三处取一料。入城后仍有水阻，不能步行。

今日领薪，扣除物价外，得四十七万。还静山十万，付席三廿六万，房租十万一千六百八十元，馀万元而已。

六日　星期三

七日　星期四

大水从地下涌出，卧房几成泽国。二天未出门。

八日　星期五

付电灯费二万五千九百元。

九日　星期六

周予同约伯祥、绍虞及余在杏花楼午饭，以伯祥将挈眷北行也。吴东迈来访。晚至家青处小坐，致福将以明日赴粤。

十日　星期日

芝青、莲青来。午后至辣斐德路阅肆，购青浦陆晋云诗文稿本四册。

十一日　星期一

十二日　星期二

访钱镜塘。

十三日　星期三

吴东迈来。

十四日　星期四

未出门。

十五日　星期五

至文管会,晤森玉、石公及陶心如。

十六日　星期六

付水费一万七千二百元。东迈来。

十七日　星期

至席三处。

十八日　星期一

午刻尹石公、吴琪来。午后君宾来。

十九日　星期二

晚归,至席处取生药。石麒晨来。

二十日　星期三

今日发薪,扣去各费外只领得三十万。付席廿五万,存五万,尚欠席十一万。

二十一日　星期四

今日发表李青霞为文献会主任委员。

二十二日　星期五

尹石公偕申君来。君宾、迪前来。君介命其长子来谒,欲谋事,并以扇乞书。

二十三日　星期六

二十四日　星期日

病卧终日。

二十五日　星期一

二十六日　星期二

阴历中秋,无月。市政府为庆祝国庆,每人发猪肉一斤,代价九千元。日前偶作一诗,梅可钧索写册页,即以此应之。复系一诗代跋。翌日自知有误,遂再加一绝句,共为三首,兹录存于此:

座旁落子响铮铮,笔研暂抛斗几枰。同是车攻非旧辙,只缘马步半斜行。过河卒弱怜残局,守寨军微易失程。可笑雌雄争壁上,无端掀起不平鸣。

梅翁索我写,稽答久淹迟。亦愿求合作,以酬良友知。动定牵人事,涉夏及秋时。今日偶有见,乘兴遂赋诗。写作俱不佳,弃置固其宜。愿君留素壁,时变感人思。

戊寅秋仲

老去衰颓如饮醇,牵牛无角笑通人。纪年更有荒唐处,错把庚寅作戊寅。

书成有误以诗代注

二十七日　星期三

李道士欲组道教图书馆,以期保存《正统道藏》。但此书前月已经文管会封存,且将向市府请款加以装潢。今道士此举,不啻推翻成案,而欲我辈签名发起,如何可允,故拒绝之。旁晚至文管会,见刘秘书、石公、慰慈诸人,告以道士事。

二十八日　星期四

新主任委员李青霞到任,同人开会欢迎。此人为文学研究会旧友,但并非研究中国历史者,政府或以其失业而授以闲缺,亦未可知。

二十九日　星期五

白蕉来。

三十日　星期六

高君宾来。

十月

一日　星期日

国庆节。昨夜大雨,今晨交巳始露阳光。今日群众游行,一切车辆均停驶。下午步行出门,过辣斐德路,遇陈守中,稍谈,即往文管会开会,到鹤亭、翼谋、亚农、羹梅、石公、剑知等三十馀人。

二日

下午到会,值班仅余与星垣、南农三人而已。$87440-86819=621$。

三日

休假。旁晚阅肆,遇子高。

四日　星期三

到会。旁晚折至惠泉、席三两处,借阅《景逯堂题跋》。

五日　星期四

领上半月薪五十万单位四九四四,付房租九八九〇,还七万,付席廿五万,收石麒十五万。

六日　星期五

家青来谈。收惠泉十万。

七日　星期六

付电灯费二万五千九百元。

八日　星期日

芝青来。

九日　星期一

向席三购一钱,以三分之二做药五十二粒。

十日　星期二

十一日　星期三

十二日　星期四

十三日　星期五

至实君处小坐。

十四日　星期六

柳亚子昨日回沪,今日午后与静山、南农、道静往访,谈两小时。付秋季房捐八万六千七百元,水费一万一千□百元。

十五日　星期日

下午六时,余与静山、道静、涤尘、蘧轩、纯康、南农共七人,公宴柳亚子、郑佩宜、徐蔚南于杏花楼。

十六日　星期一

晨出往访亚子,已出门,即赴文管会小坐,适亚子偕君宾亦到。亚子持太炎墨迹一幅捐赠该会,为四尺整张宣纸,小篆大书十八字,无款。文云:六叛人杨度、孙毓筠当作筼,此是太炎笔误、严复、刘师培、李燮和、胡瑛。此幅乃太炎被禁京师时手书,交中山先生,经萧萱保存至今。今日新史研究会筹备处第七次常会,以接柬过迟,未及赴。

十七日　星期二

午刻石公来,同访亚子,约定明日二时同赴无锡,应苏南行营之招待。

十八日　星期三

下午一时,集亚子家,乘市府汽车赴车站。同行者亚子佩宜夫妇、姚鹓雏、尹石公、白蕉、徐孝穆、高君宾及余共八人。五时许,抵无锡。钱孙卿偕苏南行政公署主任管文蔚到站迎迓,即晚宿新生路一号第二招待所,该地院宇轩厂,为缪斌故宅。

十九日　星期四

晨起,偕石公、白蕉、君宾至公园啜茗。访钱保和,不值。午刻,行政公署及人民代表协商委员会公宴,午后招待游梅园、蠡园,六时归。七时,国华银行分行经理秦鉴源招宴。钱保和、钱海岳及华东司法部长何遂来访。今日重阳。在梅园摄影。鹓雏病卧寓所。

二十日　星期五　微雨

上午八时,参观文物管理委员会,有薛叔耘手写日记及薛氏友朋尺牍十馀册,均佳。图书室中有文瑞楼钞《周益国公集》残本,又有钞本四册,卷首目录题曰“两代名人墓志铭”,细审之,乃钱湘灵文稿之残帙,共十九首。因钞出篇目,俟返沪后,检南洋中学所藏《调运斋集》勘之。据该会陈主任谷丞告余,尚有谭复堂稿本九十馀册,匆遽竟不及观。九时乘轮游鼋头渚,午刻,市府在该地风景管理处招宴,饭后上山。姜可生自上海来会同人,复合摄一影。山上有售泥佛者,陈列石膏像,一具面貌酷似家青,亚子大笑,即赋一绝句:

> 惠山新型模特儿,陈家小女好丰姿。乃翁名字劳重译,绝倒
> 乾干坤湿时。

因昔年商务出版之《中国名画家印鉴》,前有法人序文,译余名为干

音,故云然也。四时后,余与石公等三人拟搭六时快车赴苏,故坐汽车先归。到车站后,因行署误购六点五十五分之慢车票,不能登车,而慢车到苏须迟至十时左右,甚感不便,遂折回寓所。韩笔海自丹阳来会,年六十六,两耳重听。

二十一日　星期六

今日本拟搭早车赴苏,不意早车停开,因又延搁半日。偕石公等赴茶寮小坐,阅地摊,购《大公图书馆书目》等四种,价九千五百元。摊上所陈多薛氏家藏残帙,盖已论斤散出。忆儿时与同学薛学津、学海昆仲,登堂谒南溟先生,及见叔耘星使藏弄之富,盛衰之感,不能无动于中,成绝句一首:"访书曾识梁溪路,廿载重来我白头。怀旧惜今无限感,不堪重上薛家楼。"

此次在锡住三日,所见诸人姓名如左:

管文蔚行营主任　　　　　陈时夫华东军政委

张之宜行署秘书长　　　　张定夫华东军政委

邱宝瑞行署秘书　　　　　李幹辉军区副政委

朱帆行署秘书　　　　　　陈光苏南监委会主任

刘季平军区副主任兼文教处长　　汪海粟区党委宣传部长

陈丕显中共苏南区党委书记　　　欧阳惠林苏南农会主任

陶白苏南文教处副处长　　秦鉴源国华分行经理

马一行苏南财政处长　　　刘中无锡市长

朱春范苏南农业处长　　　陈光

何遂华东司法部长

吴觉苏南人民法院院长

陈谷岑文管会主任

钱孙卿苏南协商委员

忻元锡苏南人民银行行长

　　与石公、君宾、孝穆赴车站,拟搭一时二十分车赴苏,以到站稍迟,改搭二时一刻之车,到苏已五时。至东吴旅馆小憩,即进城,至拙政园专员公署,访李署长,由文教科连健生接见。回至松鹤楼晚餐。今日亚子夫妇赴宁,鹓雏、白蕉、可生回沪,笔海回丹阳,海岳回苏州,均同日离锡。

二十二日　星期日

　　上午连健生来约午餐,不赴。下午二时乘长途汽车至平望,再坐小船至黎里,宿鸿福旅馆。健生同车行,在吴江下车,约明日相见。

二十三日　星期一

　　早起与尹石公啜茗虎筋桥茶楼,桥下壁上有大书黄石公卖药广告,戏成一绝句:

　　　　子房已随赤松去,圯下犹留黄石公。今日虎筋桥上坐,客星名与古人同。

　　候孝穆来,四人同往访区公所,随即至柳宅观书。下午六时区公所招宴,到者姓名如左。卞区长已下乡,未见。

连健生苏州专署文教科　　　　　　马琴鹤区分工会主任

袁焕吴江县文教科　　　　　　　　倪慰农农场

平静人副区长　　　　　　　　　　汝贤水利

王元钧工商联主任

金诵盘医师与柳宅比邻,从之借灌肠器回旅馆,自灌一次。

二十四日　星期二

　　将柳家书匆匆结束,晚至孝穆家吃蟹。

二十五日　星期三

　　晨六时,余等四人乘轮至青浦,即转长途汽车,于下午二时许到沪。

二十六日　星期四

倦卧竟日未出门。

二十七日　星期五

上午至亚子家，此次余在无锡购杂书四种，及带去之《汪容甫集》二册，归途因不便携带，置柳氏包内，不知到沪后，为妄人发箧乱投，竟至遗失。午刻与亚子及任微知、徐子为、姜可生等餐于蕾茜。午后到会。

二十八日　星期六

到会取《三高僧诗》与《苍雪年谱》略一勘对。

二十九日　星期日

上午访王培孙，就病榻长谈。出《三高僧诗》示之，培孙惊为奇秘，欲留钞一本。而培孙亦得《落木庵诗存》两册，为余向所未见，从之借归。归途过章次公家午饭。回家小睡。四时后复与次公约晤辣斐德路书肆，购蔡竹涛遗稿一册，借《浪斋新旧诗》一册，肆主复赠奇晋斋残本三册。付电费二万九千五百元。

亚子以戏言失欢，竟于临行时肆口诋诬，以致发生许多波折，几至受累。旬日以来心绪恶劣，未写日记，此事当另文详记之。

十一月

九日　星期四

午刻至开明书店访予同，同赴杏花楼午餐。绍虞对余近事关怀，故先托予同与余一谈。

十日　阴历十月朔　星期五

校奇晋斋刻《文山题跋》、《遗山题跋》。一年来钞集上海人碑传百馀篇，今暂作结束，分装六册。文管会赠《四部丛刊》箱两幢。

十一月上期薪除合作社及工会费外,实收四十八万九千。付房租十万〇一百廿。

十一日　星期六

闻今日予同、绍虞有书致青厓。文献会改每组分室制,余于今日移座楼上,适与道静相对。道静有仙人之号,戏赋一绝句云:"庭前大树已飘零,秋后萧慄最感人。上界回春应有术,卜居何幸与仙邻。"去年文献会初迁,来时庭前老柳一树,枝条半枯,映带生姿,今为庸人摧作薪矣。

十二日　星期日

至光华购验光眼镜,便道至修文堂小坐。复至复兴西路阅肆,见丁芝孙手校《瞿忠宣集》甚精。

十三日　星期一

姚鹓雏、白蕉来访。鹓雏得亚子函,力言非恶意。

十四日　星期二

尹石公来访。作覆鹓雏函,俾转致亚子,并附刘季平藏书记一首。

十五日　星期三

致予同、绍虞函,告以鹓雏所述亚子意。

十六日　星期四

连日病寒,今尤惫。力疾写《落木庵诗跋尾》一篇。三时半即归,过席三家小住,神志稍复。

十七日　星期五

午后出门。家青偕其母携智剑来,适楼上有客,遂在庭前立谈片刻。

十八日　星期六

午后至静安寺阅肆,无所获。遇铭三及王富三。过家青小坐,知今晚将参加业馀剧团,出演于虹光,余以夜深道远不能往观。家福自改名曰剑平,在二十七师某团政治处宣教股工作,前月驻泰安,今不知何往。

十九日　星期日

下午二时,新史学会分筹会在新雅开茶话会,到十六人。颉刚新自西北归,报告农学院状况。来青阁小坐。

二十日

静山无意中以廉值得旧钞《读书敏求记》,有严修能、吴兔床批注,并寒云小注,所得书于眉间。如此善本竟为毫不解事人所获,可叹。余假阅半日,过批于旧藏海山仙馆刊本上。

领下半月薪除合作社购物及失业救济捐三十八万一千三百元。四时往贺高君宾嫁女。虞薰晚来。

二十一日　星期二

以小便付卫生局检验。虞薰晚来。

二十二日　星期三

道静转文物处任职,去志甚坚,无可挽留。

二十三日　星期四

连日阴雨潮湿,至为不适。虞薰晚来。

二十四日　星期五

下午四时半,会中同人群往国泰观电影,余以天雨未赴。芳瑜午夜齿痛甚剧。

二十五日　星期六　晴

晚归折至席三处小坐。

二十六日　星期日

旁晚至复兴中路阅肆,无所获。

二十七日　星期一　雨

二十八日　星期二　雨

　　青厓谓前次交卫生局化验，未有确覆，要余明日赴第四医院再验。

二十九日　星期三　晴

　　上午赴第四医院请验，经医师会商后谓本院不承办此项工作，请向卫生局接洽。今日阴历十月二十日，为芳瑜生辰，天放晴色，可喜也。午刻访鸂雏，不遇，至蔚南家小坐。

三十日　星期四

　　青厓以电话询卫生局后，备函嘱余明天再赴第四医院访刘铸副院长。

十二月

一日　星期五　晴寒

　　上午至第四医院，值刘氏方施手术，不能见，乃折至四马路访周予同，不遇。至商务与朱菊生略谈，午餐于杏华楼。下午再赴医院，由刘氏托林碧婉女医生签一化验单，仍须往卫生局化验。归途至大陆小坐，与虞薰同归。

二日　星期六

　　上午至卫生局，化验室索费四万五千元，余无以应，乃折至文献会。此事几经周折，今日始恍然大悟，盖卫生局不愿直接负责，故必须医生转托而收费，则为要着。前次由青厓送验者，不但无从收费，并须该局直接负责，故无结果也。

三日　星期日　晴

下午以越然《曲目》交传薪，并取来《宋十五家诗选》。席三处取药。

四日　星期一

五日　星期二

领上半月薪四十六万五千内扣公会费一万一千一百卅四元，合作社八万〇三百，付房租十万，席三十万，还静山五万，付电费二万二千二百元。

六日　星期三

上午至卫生局验小便，付检验费四万五千元，至大陆取雅霜。饭于五味斋。下午到会。

七日　星期四　雨

身痒不可耐，终日未出门。

八日　星期五　阴晴

今日为阴历十月廿九，予生辰也。昨日大雨，而今日晴。与九日前芳瑜生日同例，奇哉。芝青、莲青来。

生日示芳瑜

久雨偏留两日晴。与君对语祝生辰。芳时一笑诚非易，锋镝连年剩此身。儿女远投千里外，夫妻团聚一家春。相看莫惜霜侵鬓，强力犹堪胜贱贫。

九日　星期六　晴寒

上午出门，适全市学生大游行。电车不开，因徒步抵会。致石公函。

十日　星期日　晴

今日风略小而寒如故。晏起，作诗一首。

文献会庭前枯柳,百馀年物也,今为傭人伐作薪矣

老树无枝不畏风,如何斤斧竟施工。可怜生意崇朝尽,岂为心妍阨命穷。落日禽归翔噪急,一年人住悟缘空。凭阑徙倚偏多感,又见墙花发旧红。

旁晚偕芳瑜访之。

十一日　星期一　晴

改定昨日诗。

十二日　星期二　晴

至卫生局查讯,知化验无反应。

十三日　星期三

十四日　星期四

向静山借十五万,付冬季房捐八万六千七百元,十二月水费壹万〇五百元。

十五日　星期五

郑鹤声自南京来访,筹备下月开太平天国文物展览会。

十六日　星期六

丁夜来。

十七日　星期日　寒甚

未出门。今日新史学筹委会第九次常会,未赴。丁夜来。

十八日　星期一

石公交来散原诗两册。向星垣借二万元。

十九日　星期二

领烤火费一万五千五百元。

二十日　星期三

领下半月薪四十八万五千元内扣合作社购物及救济金。付还吴

林借十七万,肉松二万,席十二万五千元。丁今日又来,未遇,云明日起戒药,不再出门。

二十一日　星期四

二十二日　星期五　冬至节
午刻过视青儿,知赵朋燕已来沪,因与青儿同往日新祥访之,不遇。

二十三日　星期六
午后朋燕来。

二十四日　星期
下午至西门外阅肆,无所得。

二十五日　星期一
午后访君宾。朋燕偕其陈风来。

二十六日　星期二

二十七日　星期三
在实君处见日本印《朝鲜史》二十三册,已售于文管会矣。

二十八日　星期四

二十九日　星期五
上午至兰心,听刘师模讲时事问题,归遇雨。

三十日　星期六
过秀州遇苏继顾,云将于下星期往北京。

三十一日　星期
下午访苏祖馀、陈虞薰。至席三处遇朱君,谓花旗银行停业已逾三月,至廿八日协议退职金决定,而翌日冻结之令下矣。

一九五一年

一月

一日　阴历十一月二十四日　晴

虞薰约今日来,候之不至,遂未出门。去年一月至四月日记本写在旧册上,今日重录清本,与五月以后所记者合装一册。

二日　阴雨

上午出门,至来青阁、忠厚书庄、富晋书社、文海堂、来薰阁、传薪书店、修文堂各书店绕行一周,拟为文献会采购参考书。在文海观旧钞《崇祯忠节录》缺一册,《小方壶斋舆地丛书》稿本十册,据云颇多未刻之书。又在传薪观《岳祠诗文》,首附元刻《宋史·岳飞传》,合装三册。此书似《岳王祠志》残本,但京师图书馆著录者亦如此,今此书无藏印,不知即京馆旧物否。

前月本地人孙鉴家藏书散出,修文堂购得万历、康熙两《上海县志》,余知之稍迟,已为文管会购去,尚有《龙华志》一册,竟遍觅不得,真可惜也。实君至孙家买书时,见橱顶尚有地图数大包,不肯出售,不料旬日后,尽为卖旧货者论斤购去。文献会同事杨君在一废纸肆中,搜得六百馀张,皆上海市各图各保之彩色细图也,画成在光绪二十年左右,当时之河道马路皆注明长阔尺寸,住宅基地皆注户名亩分及道契号数,惜各图保皆不全,此件若不散失,真无价至宝矣。

三日　晴

昨日秦翰才来访,不遇,留缴《见斋文钞》一册。

四日　晴

同事王君,在地摊购得铅印《素昂集》一册,乃朝鲜革命党人反日之秘密印刷品,特伪题书名,以掩真相。

五日

领上半月薪扣合作社五万五千一百,工会费一千一百四十四五十万五千三百。还静山五万,付席十五万,房租十万〇六百。

六日　雨

昨宵未能酣睡,今日疲惫不堪。

七日　星期　阴

至来青阁晤寿祺,又遇何侠夫、李融之。至富晋观《点石斋画报》。理发。

八日　雨

九日　雨

付电费二万五千九百元。

十日　大雪

十一日　晴寒

上午于伶在兰心演讲,未赴。午后尹石公来访。郭绍虞来访。付自来水费七千七百元。

十二日　阴

祈寒,滴水成冰,寒暑表降至零下七度。

十三日　晴

祈寒如昨。

十四日　星期日　晴

下午值日,芳瑜亦至会,旁晚同归。文化局介绍章履正来查阅旧报。

十五日至十七日

未记,亦无事可记也。

十八日

旁晚至杜美新村七号,查氏嫂为予述仲坚力疾奔走及临终时情境。今住屋归房管会接收后,月租加百分之一百五十,无力应付,其家存有《丛书集成》及廿五史皆残缺,不易脱售。

十九日

小极,请假一天。至三马路购《满洲源流考》、《安南史》、《滇缅勘界图说》三种。

二十日

从叶铭三处购四库珍本元人集七十八册,领下半月薪扣合作社一二八五五〇,救济金一一四六一,实收四十三万三千还静山五万,付席三十万。

二十一日　星期

今日新史学会开会,未赴。午后访虞薰,未遇。至复兴中路及汉口路诸书肆。

二十二日

二十三日

偕静山至虹口阅书摊,以千元购《阎百诗年谱》。

二十四日

售去《四部丛刊》，得百万元，付席十三万。

二十五日

上午小极，未进午餐。闲步至铭三处，购《受祺堂文集》八册，《四部丛刊》零种三十六册，商务铅印书十六册，价四万。

二十六日

领全月薪扣会费及救济金，实收一百十二万三千一百五十，购合作社物十三种。

廿七日　　星期六

购《安南图志》四册，玄览堂另种也。

廿八日　　星期日

偕瑜至金陵路购袜及饭碗。

廿九日　　星期一

三十日

上午观太平天国展览会。

三十一日

购配尼西林油膏。拟赴苏，购车票不得。

二月

一日

徐孝穆到会。购铜水壶及万士令。

二日

午后偕彦章至淮海路买糖果及咸肉。

三日

付房租十万〇。

四日　星期日

至复兴中路余氏肆,遇章次公。

五日　星期一

午后至三马路,在富晋取残本《读书记闻》,有校。在来青阁借《石遗诗话》四册,购《探路记》,价二万元。

六日　晴寒　农历辛卯元旦日也　星期二

下午偕芳瑜至兰心观话剧,为《吃惊病》等四幕短剧。是日由文化局包场。

七日

略感风寒,终日卧床。

八日　雨

今日本为上午值班,故九时即往。不料余名已改到下午,乃候至二时南农到后始回。叶崇德嫁内侄赵姓,叶年已四十一,赵仅二十馀岁。以供职铁路局,仰遐翁提挈,故缔此姻。今日登报谓旅行杭州结婚。忆胜利之翌年,崇德偕其故夫由内地返沪,出结婚手册索题,余有句云"梁间双燕子,呢喃话新晴",曾几何时,已弃故就新矣。

九日　雨

同人茶点联欢。旬日前星垣结婚,今崇德亦新婚,两旬后蓬轩又庆六秩,喜气重重,高兴之至。

十日　晴

芝青来,未遇。北京科学寄我《小屯编》购买证。

十一日　星期

午后,介孙偕其内侄女孙均来。三时,叶崇德在新华茶点招待,以大雪未赴。

十二日

至来青阁取《昌黎诗注》及《散原诗》。

十三日　雨

午后偕静山至合众图书馆。

十四日

发郑振铎、陈援庵函。购《程侍郎集》。付水电费三万二千元

水九千八百,电二万二千二百。"散原诗"前后两刊不同,别为文记之。

十五日

上午偕芳瑜至国泰观苏联影片《巴夫洛夫》。

十六日

今日上午又有电影券两张,余倦惫不能往,因俾芳瑜偕毛家长

女往,片为高尔基《童年》,在沪江上演。

十七日

偕吴静山、胡道彤三人郊游。自会出发,乘公共汽车至中山公

园,改坐三轮车至北新泾,再雇脚踏,历虞姬庙、吾东庙、华漕镇而

达紫堤。午饭后访侯叔达,会叔达以今日赴沪,遂不相值。由叔达

之子陪同,往观侯氏始祖黄杨坟,旧有树石极佳,今存一土堆及乾

隆时重立之墓碣而已。其旁为偕老堂故址,屋毁已二十年。又有

破旧厅屋一所,已无居人,惟堂扁尚在,题曰"绍衣堂",下署"丙辰

小春书为逢老同学长兄先生　　陶南望",乃□□□故居,亦为镇

中维一留存之旧屋。《偕老堂记》,明归有光撰文,载邑志,归集未

收入。陶南望,号逊亭,号一簣山人,著有《草韵汇编》。

十八日　星期

未出门。手写散原删馀诗八叶。

十九日

二十日

领三月薪四分之一,扣合作社所购物,补缴一万六千四百元。

二十一日

高君宾来。剪发。

二十二日

蓬莱区举行反对美帝武装日本游行,芳瑜去参加。

二十三日

副主委徐蔚南报到。晚间,本区居民开会。

二十四日

得陈援庵覆。发慰问中朝战士函。

二十五日　星期　雨

未出门。

二十七日

蓬轩六十生辰,同人集饮老半斋。

三月

一日　星期四

寒甚。今日起,办公时间改上午八时半至十二时,下午一时至五时半。

二日

寒甚。

四日　星期

今日全沪工人反美游行,清晨七时后即断绝交通。余步行至愚园路入队,十时半始启行,至中山公园转入长宁路,经武定路、梵王渡路,由福煦路绕慕尔鸣路、长乐路回会,才一时半,稍憩。原定三点后电车即通,但候至四时仍不见车,因雇三轮车回家。

五日　星期一　雨

领三月上半月薪金之半数,除扣会费及合作社物价外,净收十九万四千三百元。捐朝鲜难民一万元,付房租十万元找入四百元,付席十万元付欠二六。

六日

七日

八日　妇女节

以《续通鉴》售归文献会,作价十万元。

九日

付席十四万欠一八,付电费二万九千六百元。

十六日

晨访培孙,卧床如故,惟精神已不如去年矣。南洋中学图书馆,因学生不愿担负经费,已无管理之人,日常锁闭而已。午刻偕蔚南访徐朗西,不值。

十七日

午后偕蔚南诣朗西长谈。下午尹石公来。

十八日

偕静山乘早车赴苏,购得初印同治《上海县志》,尚未改补,可云难得。又以三万五千购《蛾术编》,又见《宋百家诗存》,因肆主他出,未能商价。在江静澜肆中见朱秋崖校《淮南子》,孙渊如校《水经注》,吴兔床校《白虎通》,黄荛翁校旧抄《初学集》及明末刊本《中兴实录》。晚车至无锡，是日忽大风剧寒，投宿太平洋旅舍。买红茶叶，连饮浓汁数碗，稍解寒气。

十九日

往陈毅岑于文管会，本欲校阅其所藏《谭复堂日记》稿本，以畏寒不果。拟访侯保三、李勤庵皆不果。在重元寺书摊购《弹指词》二本，《小蓬莱山人年谱》一本，值一千五百元。石印《小学考》六本，值五千。晚车回上海，抵家尚不及九点钟，天微雨矣。

苏州人民路　　文学山房　　主人江静澜其父杏溪去年逝世

　　　　　　　　琴川书站　　夏澹人常熟人

一八三号　　　　瀚海书店　　吴镜波名瀚，来青阁旧夥

李勤庵之子名祖基，在无锡电信局。

苏肆有初印《守山阁丛书》二十函百册，欲以廿万元归余。此书为许博明物，民国六年从古书流通处购进时价在二百元以上，余所亲见。

二十日

领半月薪除扣费，实收四十二万八千，付席三十万。

二十一日

陆某来辞行，云将赴京。此人屡于书店中遇之，但不知其名，既稔亦不便再问矣。至萃古斋取《海藏楼诗》。

二十二日

写《文献会收藏之一斑》，应文物局华东文物专号之征。

二十三日

至文管会，晤翼谋、石公，观翁叔瓶临季沧苇批点《通鉴》，每卷后杂记琐碎事，颇有味。北京文化部邀人选旧小说作课本，并为考订注解，苏联人亦取以翻译。乃《石头记》中有探春引《姬子》书数语，不知《姬子》为何书也，南北文人均不知所对。前日在苏州文学

山房见宋翔凤诗集,未敢问价,别后忘其书名,颇为悬系,明日静安往苏,当托其往取。

二十四日

晚至实君处小坐。

二十五日　　星期

至三马路晤富三、寿祺。

二十六日

静安自苏州回,为余代购宋翔凤《忆山堂诗集》六卷,价五千元。又将余购存之《上海县志》带来。同治《上海志》在苏刊成后运版来沪,上海人读之大不满意,乃设局南园,由王承基等就原板增删挖改,所谓南园重校本也。余求苏州初印本久不能得,此次苏游乃无意中得之,价仅一万七千元而已,惜蛀蚀已甚。今日起取重校本逐卷覆勘。

二十七日

从文物管理委员会借康熙《上海志》勘读,始知乾隆志即取康熙旧板增加数叶耳。旁晚至来青阁,托寿祺往苏代购《守山阁》及《汉魏丛书》。

二十八日

乾隆五十六年之志,亦即旧板增刻,惟改刻稍多耳。其中有二页板已横裂,乃刷印时竟将上页之上半合下页之下半,而上页之下半合下页之上半,殊堪发噱。

二十九日

三十日

连日校《上海县志》。

三十一日

天雨,未至会。晨起诣家青,知近在龙门戏院演《林冲夜奔》,下星期一将住德济医院诊治。

四月

一日　星期

罗木匠来改书箱。

二日

新史学会寄来《太平天国史料丛刊拟目》,要余补订。虞薰来谈。

三日

秦翰才来谈。发周谷城、杨寿祺函。

四日

取《小说月报》旧载《赵惠甫日记》校补《年谱》。

五日

领上半月薪,除合作社购物及公会费外,净收四十四万五千元。付房租十万〇四千四百元,席廿四万元。

六日

七日

高君宾来。白蕉来。

八日　星期

送苏宅喜份四万,付电灯费二万二千二百。午后至徐孝穆家,孝穆之友约看画,皆伪而且劣。继与孝穆同访钱化佛,又同往崇德家晚餐。

九日　星期一

十日

十一日

顾子安来。

十二日

高君藩、君宾来谈。付自来水八千五百元。苏州寄来《守山阁丛书》廿函一百二十册，廖毅士寿丰旧藏，民国七年由古书流通处售于许博明，今再由许归余。

十三日

十四日

十五日　星期

剪发。钞《龙华志》，未出门。

十六日

十七日

闻振铎来沪。访起潜，不值。书友来云，富晋自北京来沪，欲诣我家，辞之，约以明日至其肆。

十八日　雨

以《太平天国书目》送起潜阅看。宗子戴刻《咫园丛书》，仅成五种，其子礼白以板售诸叶揆初，藏于合众图书馆。前年曾印红样二十部，今日起潜分一部见赠，其中《嘉樗轩集》二卷，余所辑也。

十九日　晴

六时后拟访富晋,以惫甚不果往。顾芷庵来谈。

二十日　雨

领下半月薪,除购物及救济金外,实收四十八万四千二百元。付席廿七万,房捐八万六千七百元。

二十一日

旁晚访富晋长谈,别十年矣。夜过祖馀,渠次女新嫁,今日回门。去年美汇冻结后,布商谓国棉不能纺四十二支以上细纱,于是布价大涨,客商亦争购进,不料今年国营布厂依然尽量供给。

二十二日　星期

终日卧床不起。

二十三日

旁晚过富晋,欲购《图书集成》,已先为博物馆取去矣。

二十四日

上午至大舞台听刘师模讲。

二十五日

向富晋购定《图书集成》中华本,连箱价三百廿万。《东方杂志》自廿卷至卅四卷,每册四千。

二十六日

至鸿英图书馆观书,适该馆开会未果。

二十七日

从鸿英钞得上海第一次劳动节资料,为《新民》撰文。

二十八日

写定纪念五一节文寄芷安。徐子高来。

二十九日　星期

全日值班,连日大举镇压反革命,捕获匪特甚多。朴安之子道彰亦以嫌被捕。

三十日

五月

一日　劳动节

各界大游行，芳瑜亦随队出发，余及静山、涤尘等六人留会值班。钞《龙华志》告成。是日天阴未雨。

二日

三日

四日

晚访起潜，谈宋刻《金石录》事。前月南京有大批旧书论斤售出，水利学专家赵世暹购得宋刻《金石录》五册，完好如新每斤价三千元，乃从甘氏津逮楼散出者，顷已捐献政府，将由振铎带京。今日晤起潜，知振铎赴甬未归，《金石录》则已送往张菊翁处写跋。潘谨辰曾略校一过，与吕留良钞本约略相同，若结一庐刻本，则脱误不堪卒读。

五日

写《宋本〈金石录〉考证》一首。领上半月薪，除扣，实收五十万二千四百元。付房租十万〇四千六百元，席廿万，还静山十一万。

六日　阴历四月朔　立夏节　雨

未出门。丁芸生来借钱，无以应。

七日　雨

八日

介绍阿毛至对外文化联络处,售《图书集成》。

九日

收《新民报》稿费十四万一千,付电灯费二万六千一百元。旁晚至富晋及春秋书店。

十日

顾芷庵来。

十一日

收毛三十,付席十八。

十二日

十三日　星期

清晨至胜利剧院观电影《上饶集中营》。继与静山诸人至宝山路观书摊,无所获。天气极热,至富晋小憩,归家午饭。午后再出,还阿毛书三册。

十四日

君宾来,即托葩翁写《龙华志》封面。至文管会还康熙《上海志》,晤森玉、石公诸人。观朱古微手写周作镕诗稿十二页,周为森玉义父。

十五日

十六日

至富晋借《王文恪集》。

十七日

注射防疫针。

十八日

针后反应甚剧,卧床竟日。

十九日

午刻至会,领下半月薪四十一万五千九百已扣合作社购物价十八万四千一百,又失业救济金一万二千二百四十五。

午后二时华东文化局召开会议,到文物处唐弢、吕贞伯、郭志愚,文管会尹石公,联购处施祥麟,工业部李铭馥,文献会余及吴静山,会于天平路四十号,组织审查废旧书刊委员会。

二十日　星期

午后至传薪观书,取《库页岛志略》、《掌固零拾》等数种。

二十一日

上午偕吕贞白诸人乘文化部汽车,视察联购处仓库四处:(一)本栈王家码头外马路六五六,(二)立鑫栈尚文路,(三)发兴栈公兴路三五一,(四)德发栈安国路二三五四库。以本栈为最大,现存线装书二千七百廿五担,旁有竹筐堆放零纸,偶取阅之,皆旧拓汉碑也。

二十二日

上午至合众图书馆观崇祯票拟本三册,松江封氏藏,去年郭石麒论斤购来《金石录》五册。《金石录》即南京甘氏所藏本,十行二十一字,曾经水渍,损伤甚剧,中缝刻工姓氏及叶数已模糊难辨。叶数似每十卷为起讫,首叶栏右题"唐氏有匮堂秘藏许就读不借",当是明人墨迹。副叶题"大德丙午二月十三日藏于藏易斋",分两行,下用"俞"字白文方印。又一行题"嘉绪观",似亦元人手笔。藏印有胡卢印㊞㊞"陶俞",不知为谁。眉间有木记楷字四行曰:"卖衣买书志亦迂,□护不异隋侯珠。有假不返遭神诛,子孙鬻之何其愚。"

棉纸极佳,每幅中间有楷字晏如朱记。宋版书纸上有印记者,余仅见《王荆文公集》及此书耳。下午二时文化部再度开会,决定明晨试行检阅一包,再行估计时间及费用。

二十三日

上午至王家码头仓库,试检一包约费半小时。与该仓库经理康有德约定,托其代雇打包工人,并搭盖席棚,预定从下星期一开始工作。与贞白、慰慈、实君在德兴楼午饭。

二十四日

上午至新华观《武训传》影片,此片以思想腐化,最近受人检举,故文化局号召参观,预备扩大讨论,其实此片本极庸陋。上午振铎来,不值。午刻偕蔚南答访,聚谈一时许辞去。振铎要余缓行,续谈不能休,余以下午有会,约明后日再晤。三时再到文化部开会,联购处施君云,下星期一起将有四千担陆续抵沪,地位及经济均有不能周转之苦,而文化部则事在必行,侯明日再商。

二十七日　　星期

剪发。至传薪检取零书数种。

二十八日

上午至王家码头仓库,看文化部雇人检字书,今日检出抗战时《前线日报》,咸同间《京报》,康熙钞家谱,李莼客手批施寿伯诗集等书。

二十九日

三十日

以《三公难记》、《异辞录》寄北京新史学会,备《太平天国史料丛刊》之选。

三十一日

开始删改《赵惠甫年谱》。

六月

一日

君宾来。

二日

刘汝醴介绍民政局王君来查浦滨铜像史料。

三日

至富晋及来青阁，闻昨日文化局在仓库检得宋版《新五代史》七册，尚缺一册。浩廷从北京寄来《瀛奎律髓》。

四日

五日

领上半月薪，实收四十四万七千六百元内扣合作社十五万三千七百，工会费一万二千二百七十三，付房租十万六千六百廿，席三十。

六日

君介窘甚，送铜器拓本求售，竟无以应。

七日

顾芷庵来。

八日

同人分撰下星期一出版之《新上海南京路》专号。

九日　阴历端阳

旁晚过视家青，知已与致福分居，现为大光明拍电影。借静十万，收《新民》一万。付电费一万七千七百。

十日

卧终日。介孙来。

十一日

上午访郑振铎，少坐，邵力子来。振铎将于今晚北归。下午偕静山往视泰兴路新屋。

十二日

写定节本《赵惠甫年谱》，将寄北京付刊。整治什物。

十三日

文献会迁泰兴路一〇六号二号，张园旧址也。连日迁移什物，不能安砚，虽每日到会，无可纪之事。从侯叔达借到《紫堤村志》原稿及清本各三册。

十六日

晚过修文堂，晤吕贞伯。冒鹤亭有长卷，为乾嘉间上海县令小像，后有于敏中等二十馀人题诗，中有上海籍者七人，托修文堂持来求售。此卷应归文献会购藏，而主任不解事，奈何。付自来水费一万二千元。

十七日　　星期

作札寄予同、伯祥。

十八日

与静山、蓬轩午餐于冠生园。

十九日

与蔚南午餐于冠生园。午后茶点，祝崇德四秩。

二十日

收下半月薪，除扣，净收四十八万，付瑞三十万，夏季房捐八万四千二百元。

二十一日

与静山、涤尘、蓬轩午餐于梅龙镇。

二十二日

清理会中历年积存字纸。

二十三日

收《新民报》稿费二万七千元。

廿八日　起

感寒气喘,请病假二天。

七月

一日　星期

仍卧病。

二日

勉强赴会,寒热仍未退。得伯祥函。

三日

下午至富晋,遇秦翰才。付瑞廿四。

四日

晨起,至商务印书馆三楼访汤杰,为李青厓交涉《丛书集成》事。此书原定四千册报纸本,预约价二百四十元。解放前曾出版三千四百册,最近又清理出六十七册,其馀不再续出,未交之书,代以书券每册一千五百元。青厓之券乃分期付款者,计付过一百八十元,取过书二千册。今约定两种办法:(一)再取书一千册作两讫,(二)补缴人民币七十万〇五百,取足一千四百六十七册。

五日

取上半月薪,除扣,实收四十二万四千七百。

六日

在秀州书店购《正论》杂志九册,及抗战时共产党人出版物十七册。

七日

八日　星期

剪发。今日小暑节。

余每晚回家写日记甚简略,且仅及私事。今日文献会发出表格,要填一月至六月工作。事过境迁颇难追忆,自今始以日记册存会中,兼记公私诸事,而同人琐事及读书所得均缀焉。已填送之一月至六月工作表,存记于此以备参考。

编纂	一二月	《美帝侵沪年表》,约二万字。
		《美帝攫取上海的司法权》,二千字。
	三四月	《日本帝国主义在上海的战时暴行》,一万八千字。
	三月廿一二	《日文献会收藏之一斑》,约二千字(文物局征文)。
	五月下旬开始	编《镇压反革命》,并圈选三月份报纸八种。
阅读	三月下旬	借康熙《上海县志》校乾隆志。
	五月初	新钞康熙志四册校字。
		访钞上海碑刻及传记文约三十篇。

出门	二月十七	至华漕、诸翟等处调查古迹。
	三月十八至二十	至苏州、无锡购书,并参观苏南文管会。
	五月下旬	至鸿英、合众搜寻资料四次。华东文化部召开审查废旧书刊委员会,出席三次。偕同文化部人员调查联购处各仓库一天,参加开始检查工作一天。

十七日

分得《镇压反革命》"宗教"及"会门",开始编次。购定康熙《上海志》、乾隆《青浦志》、《续娄县志》三种,价一百五十万萃古,《说文诂林》附补编五十四万,《越缦堂日记》廿六万修文。闻东北来故宫旧藏宋板《韵语阳秋》售于文管会,价一千万元。

十八日

在李青厓家检查《丛书集成》已取二千册,计缺少十六册,损三十八册。下午五时回,中途至传薪书店,取来《滋溪文稿》六册。

十九日

交初伏,潮闷不可耐。蔚南来,其病状更甚于余。晚至萃古,付支票一纸。晤徐子高,现任事北京路金华公司,专运售新书至香港,得价甚善。日前售《引得》两套,价至八百万,其中有《同姓名录引得》一薄本,竟无法配到。

二十日

领下半月薪620524,扣合作112800,救济12410,捐献30000,实收四十六万五千三百元。下午二时半,请病假出。旁晚于彦章专差德银送来一信,谓文化局人事室约我去谈话,因已假出,改约明日上午十时。

二十一日

上午十时至文化局人事室,据云昨日并无电话,随至会计室,与贝人俊略谈。回至文献会,知昨日电话为顾南农接听,决无错误,相与惊异。接商务印书馆汤杰函。

二十二日　　星期

下午值班。午饭后到会办公室,门皆锁闭,热闷不堪。幸上午值班人席涤尘未去,同坐楼下工役房中闲谈,少顷彦章亦至。冯钧明来访,未晤。

二十三日　　星期一

文化局人事室王垶来电话,要我报告韩忠良情况,始知前日电话即此事也。下午开大会讨论工会改隶事,争执颇热烈。冯钧明以协大祥停职就商于我,竟毫无办法。

二十四日

写关于韩忠良情况一篇,与旧同事数人商酌字句。

二十五日

以韩忠良情况送达王垶,并附函托其探问剑平近况,因剑平随军北上后,不通音信已逾半载。至秀州书店遇徐子高,以《小屯》审准书付之。至修文堂与实君闲谈及尹石公事。去年文管会购松江杨氏书,由石公前往接收,住杨家三日,居停□寡,每晚与之共饮,遂共卧起,真奇谈也。

二十六日

上午至大舞台,听取夏衍从苏联回国报告。至富晋,有报纸本《丛书集成》要三百五十万,《玄览堂初集》要八十万。

二十七日

晚至诵清阁,代青匡购配《丛书集成》四十一册。

二十八日

二十九日　星期

晚至瑞和处,遇高君宾。

三十日

前修文堂送来之《说文诂林》查欠一叶,《越缦堂日记》以有配本,拟退。

三十一日

晚至秀州、修文。

八月

一日

秀州送来《越缦堂日记》。

二日

正编纂《镇压反革命》"宗教门",忽见报载人民出版社新出版《基督教》、《天主教》各一册,急请南农往购,竟不果。静山拟自己备款购买,而工友亦仅至邻近书摊一问,空手而返。

三日

至秀州借《祁忠敏日记》。文化部检废纸,近得宋板《磻室老人集》残本一册,继又检得木活字本四册,盖其家后裔于排印家谱时附印者,当时尚存四册,今又佚其三也此书从未著录,不知撰人姓氏,后瞿凤起从余所编《别号索引》中查得为东阳易某云。莲青来电话。火表号码一三〇二二。

四日

领上半月薪六〇三九八八,扣合作社一〇五六五〇,救济一二〇八〇,捐献一五〇〇〇,实收四十七万一千二百元。自本月始,发薪单位之米价照每担廿四万〇八百计算。

五日　星期

未出门,为林星垣写墓碣,屡写不如意。

六日

编《美帝国主义利用基督教侵略中国的罪行》,分四章,约七万六千字。

九日

与芳瑜约在芝青家晚饭。午后适大风雨,晚归衣履尽湿。

十五日

早起访周予同亹谈,并以家青谋进中电事为托。

十七日

得予同电话,谓熊佛西欢迎家青进剧专,或代介绍中电。文化局派潘英、朱适春二女同志来会。晚过家青。晤夏芒。

十八日

文化局上午召集同人,在电管处开会,听夏局长报告。家青持予同函往见熊佛西,甚欢洽,将在剧专工作,月薪可百廿单位。

十九日　星期日

剪发。

二十日

领八月下半月薪共 618616,扣除合作社 156950,捐献金15000,实收 446666。付工会费 12200,付还席三十万。下午大风雨,夜间更大。

二十一日

从今日起,上午十时至十二时学,约以三星期为期,分两组,余在甲组,朱适春为组长。飓风从吴淞口外过,晨起,庭中积水已没阶。乘公共汽车至会,张家花园四面马路皆积水,几不得入。下午三点半至电管处,听潘副市长演讲录音。

二十六日　星期

周振甫来谈。

二十七日

晚饭时文霞来,谓青儿患急性肺炎,寒热高至四十度以上,要余即往。因整衣往视,见青儿神色清朗,热虽未退,惟已注射配尼西林,当无大碍。

二十八日

早晨往视青儿,热已减退。借富晋二十万。

二十九日

朱适春约谈,询及诸同人旧事,颇注意蔚南。下午阵雨,冒雨归家,未及往视青儿。

三十日

购传薪《金文最》三十六册,仅十六万,今日送支票去。

三十一日

今日开大会讨论"什么叫历史问题"。以《子曰》一册交适春阅。填七、八两月工作报告:

(1)编《美帝利用基督教侵略中国的罪行》,八月六日完成,约七万六千字;(2)整理旧资料一千三百六十六件。

九月

一日　阴历八月朔

今日起签到签退改用考勤卡,每人别为一纸。

二日　　星期

傍晚往视青儿,知昨日往戏剧专校应考。

三日

得青儿电话,知剧专嘱其仍赴汉口,盖同为国立机关,不能互相争取。我早料其如此矣。

四日

上午分组会,余报告历史。旁晚过青儿处。

五日

领上半月薪618616,除扣实收五十四万〇五百元。还另借三万,付房租十万九千一百廿元。

停写日记忽已八日。

十四日

徐森玉介绍南京博物馆罗宗真来访。托静安借五十万。

十五日　　阴历中秋

旁晚至陶正元家,购紫毫笔两支。陶公已于去年逝世,今存一媳一孙。今日起下午改一至五时。

十六日　　星期

晚饭后与芳瑜至市府观《勇敢的人》影片。

十七日

写定历史检讨约三千馀字。

十八日

以《玄览堂丛书》一册还起潜。以支票送富晋。芷青上午来,以次女慧姑留住吾册。

十九日

抄《紫堤村志》传一篇。

二十日

上午读检讨报告。下午领薪除扣捐及合作社,实收三十九万六千元。

二十一日

上午我的报告通过。下午抄传一篇。

二十二日

上午开会,秦翰才来电话,未接。

二十三日　星期

小极倦卧。旁晚始访席。

二十四日

下午至传薪书店,取朱士端《彊识编》稿本一册,有汪喜孙批,此初稿,与后来刻本绝不相同。

二十五日

领合作社物。

二十六日

芳瑜送慧姑回家,与余同归。

二十七日

二十八日　雨

二十九日

三十日　星期日

至传薪、富晋两家付书款。

十月

一日

国庆放假二天。下午至虞薰家略谈硖石近事。亮卿已回沪，左半身已疯瘫，刻正用组织疗法。

二日

至会值班，钞《牧庵年谱》数页。

三日

旁晚访孙实君。实君病肺，有高热，今已退热起坐矣。

四日

与起潜通电话。从传薪借阅符葆森《寄鸥轩集》稿本。

五日

收上半月薪，除扣，实收五十万二千。付房租十万九千，席三十万。

六日　雨

病卧。

七日　星期日　雨

病卧，虞薰送雅霜来。

八日　雨

上午到会，下午畏寒不舒。

九日　晴

上午至传薪，还借书两种，又取来徐刻《滋溪文稿》。继至文管会新址，森玉、芳馥均不在，今日因苏州潘氏献鼎，在天平路举行给奖典礼，皆前往参加。余小坐即行，将《陆俨山集》十五册留交。下午至会，昨日新买《鲁迅日记》略一翻阅。

十日

下午请假,拟至同济医院挂号,用组织疗法,未果。至文管会晤李芳馥,知潘氏滂喜斋藏书已捐赠,共七十一种。

十一日

下午访实君。

十二日

从实君借六十万元。

十三日

付还静安五十五万。

十四日　星期

下午与静山同值班。

十五日

十六日

文化局号召同人参加土改下厂治淮工作。

十九日

开鲁迅逝世十五周年纪念会,未赴。

二十日

领薪,除扣,实收四十四万二千三百元。

十一月

一日　星期四

七点五十五分到会,写书卡四十五张。

二日　星期五

八点到会,作《苏联加盟国表》,写书卡十三张。尹石公来,为陈病树索介绍到南洋中学看书信。张君来,退回云南志书八种。归途过实君处小坐。查电表为94250。

三日　星期六

八点十分到会,缮写壁报稿。写书卡六张。芳瑜在芝青家,与之同归。

四日　星期日

小极,宴起。下午过家青谈,区政府介绍家青考新华书店,七日应试。

五日　星期一

七点五十五分到会,写书卡四十五张。领上半月薪除扣五十二万八千四百元。

六日　星期二

上午有券,欲往虹口公园看球赛,以病即归卧。下午到会,写书卡三十张。领到文管会书款百万,即还实君,付电费一八四〇〇。

七日　星期三

八点到会,十一点开会。李主委报告编制意见。蔚南发言,加以申辨。写书卡三十张,六点一刻至电管处,参加庆祝苏联革命纪念会。青儿来,同车返。

八日　星期四

八点到会,写书卡四十七张。午后约涤尘、知渊细谈。静山欲辞职,余与蔚南力阻之。

九日　星期五

八点到会,写书卡三十三张。下午开小组会。领到合作社物。

十日　星期六

彦章云书卡已差不多写完了。我见架上有《鲁迅全集》,因取来补写子目卡。下午开小组会。晚归,看鲁迅散文。鲁迅在日,曾经从北京寄赠《小说史考证》一册,自序有"呜呼,于此谢之",同人以此为谑笑之辞。其他著作则从未购阅,后来蒋匪禁鲁迅书,及共产党尊鲁迅,我均莫明其妙。今读散文,其思想自不可及。

十一日　星期

下午偕芳瑜至市府,观《儿女亲家》。

十二日　星期一

下午开小组会。

十三日　星期二

连日因讨论工作及节约问题,常开小组会,仅写成《鲁迅全集》卡六十张。《鲁迅全集》误字极多,最显著者"近代美术史潮论"总目及封面"史潮"皆误作"思潮",初看总以"思潮"为是,询之通日文之徐、林两君,皆以为然。及查阅本书,则当作"史潮",盖所论者为"美术史的潮"。《山民牧唱》原作者"巴罗哈",封面误作"巴哈罗",卷首有小像签名可据。

十四日　星期三

写"北平图书馆善本丛书"、"东华录"、"纪事本末"等卡廿六张。

十五日　星期四

写书卡廿二张。以张氏日记手稿归合众图书馆。

十六日　星期五

写《玄览堂丛书》卡三十四张,内有王在晋《张大将军传》一卷,总目漏载,买史大林《论列宁》一册,苏联版,一万二千元。

十七日　星期六

写日文书卡卅一张。买《联共党史》一册,苏联版,值四千四百元。始读《联共党史》。

十八日　星期

芳瑜生辰,吃面。芝青、莲青挈众小孩来。下午到会值班,看《文汇报》张东荪文一篇。

十九日　星期一

写日本书卡六十二张。

二十日　星期二

起极早,但到会则已八点十分。今日学习,要讨论节约更进一步与行政上讨论结合,但我会情形非改良派所能解决。而列宁不出,如苍生何。写日文书卡四十二张,领下半月薪除扣,实收三十五万九千元。

二十一日　星期三

上午至新华剧院,听于副局长关于节约学习第一次总结报告。写书卡廿七张。

廿二日　星期四

写书卡十九张。郭绍虞来。

廿三日　星期五

写《玄览堂》卡廿二张。值班。

廿四日　星期六

连日拟本会精简工作的意见,征求同人意见颇费心力,然亦纸上谈兵而已。

廿五日　星期日

至复兴中路取《太湖备考》,李主任前日看定者。

廿六日　星期一

写完《东方杂志》卡廿四张,又旧书二张。旁晚偕静山至复兴中路,购小品书一册。

廿七日　星期二

廿八日　星期三

与蔚南同访王恂如于乐义饭店,即留晚餐。

二十九日　星期四

写卡片二十四张。接剑平朝鲜来信。下午开会,推选精简节约委员会委员。此会本应由群众推动,而我会则由行政方面发动,以行政三人,工会、学委会各一人,再公选二人合七人组成之。

三十日　星期五

写卡片三十张。旁晚朱适春来,持余所议草案去。归途极冷。

十二月

一日　星期六

昨夜有寒热,今晨肉痛腰酸不能起身,僵卧终日。

二日　星期日

午后至家青处小坐。至传薪、来青、温知诸店,晤孙伯绳、郑守中。温知有康熙刻《真如志》,已为守中购去。广州有王右军墨迹,索价三十亿。森老视往接洽,约今日可回。

三日　星期一

写卡二十张。要写卡之书零落无多。编辑镇压反革命文件,前数日已有专令派人,余亦在内,但实际工作不闻影响。连日颇闲,写成《书林新话》三则。

四日　星期二

写卡十二张。

五日　星期三

领上半月薪,除扣,实收五十三万二千八百元。

二十日

领下半月薪,除扣,实收三十五万五千元。患流行性感冒,请病假二天。

二十一日

病卧,旁晚强起至凌子文家,为代写天鹏历史。遇章次公。

二十二日

九时至文化局,晤朱适春,云拟调余及静山筹备革命文物纪念馆,征余同意,即允之。继至会,午饭后与静山访蔚南,知曾熟睡两夜,病有起色矣。检理书籍什物,一并带回。

二十三日　星期　冬至节

午饭后先至虞薰处,同访欣木,又在祖馀家小坐。旁晚至凌、席两家。祖馀夜来久谈。

二十四日

至会,带回环城照片一包,静山所寄存也。写临别留言短文。

二十五日

至会,整理地图。

二十六日

晨偕静山至文化局接事,晤沈之瑜处长及白蕉。由白蕉陪同,三纪念馆巡视一周。偕静山至修文堂小坐。午餐于洁而精。饭后,余至复兴中路阅肆,购《未名》剧本一册。路遇惠泉,归家已三时。今晨稍受冷,颇不舒,遂卧。晚间苏宅送来民众墨水样品一打,托代销。

二十七日

九时至馆,沈之瑜、白蕉、周枫来同谈。午餐于洁而精。子文来,未晤。

二十八日

星垣早来,因青厓托其来讯问书价,遂同出,八时至馆。访问邻居,知延庆里屋为唐嘉鹏遗产,其幼子失业,尚住里中,长子习机械,已赴台湾。居民委员会主席邹玉麟住一号,老画家洪丽生住后门对面。十年前,东迈屡誉洪氏工笔花卉,迄未一见,今于无意中遇之,年七十馀矣。西邻锦章书局老主人,年亦七十馀矣,今由其婿经理店事。

二十九日

天雨到馆稍迟。午后再与之瑜诸人巡视三馆。周佛海夫人参与筹备三馆事,述三十年前在此晤毛主席情形。

三十日　星期　雨

午后至文霞处小坐,见家在、家青来信。又至子文处,因前日约为其女代写申诉书,经商议后未果写。芳瑜冒雨踵至,遂同归。

三十一日　雨

八时至馆,草《共产党历次代表大会表》,未毕。

一九五二年

一月

一日　阴历辛卯十二月初五日　星期二

　　宴起,天阴晦,室内几无光。又以停工,故白昼无电。旁晚送米至文霞处,行至肇嘉路口,电灯始放光,盖五句钟也。归途访微雨,阒无人,废然而返。

二日　阴

　　八时至馆,午后至富晋及文献会。旁晚偕静山至复兴中路阅肆,取归郭沫若《山中杂记》一册,其中十分之八与《橄榄》同,而一为光华版,一为时代版,不知何以竟无版权争执。

三日　微雨

　　八时至馆。

四日　微雨

　　八时至馆。开始写《五四以来斗争年表》。

五日　阴

　　八时至馆。午餐于洁而精。饭后至文献会,领薪六十一万一千六百五十元。

六日　星期日　阴

宴起。今日小寒节。

七日　晴

主任沈子丞到馆。侯叔达来访,持来抄本《紫堤村志》最近本四本,以《侯忠节公集》纸板付之。午餐于林园饭店。

八日　晴

午餐于西冷。旁晚至四马路阅肆,取来影印本《王荆公诗注》。访朱瑞轩略谈。访祖馀,不遇。

九日　晴

午餐于林园饭店。

十日　晴

今日起回家午餐。祖馀夜来。

十一日

午刻访平襟亚。

十二日　夜雨

十三日　星期

上午吴欣木来久谈。畏雨未出门。

十四日　星期一

旁晚至富晋书社,取五卅剪报一册。

十五日　星期二

八点半文化局全体同人在新华剧场开会,至十二点半方散。遇人俊、志仁。

十六日　星期三

在修文堂购得广州《新青年》第一期,价四万元。

十七日　星期四

闻蔚南病危,今日打强心针三十馀次。

十八日　星期五

清晨德银来,云蔚南已于昨夜十点半钟逝世。午后静山径赴徐宅。余先至文献会探问,并无确讯,仅知大约下午四时送火葬场殡馆,或须待至明日举火。以五卅剪报交涤尘。许窥豹来问小刀会史料。

十九日　星期六

晨至馆,晤静山,始知蔚南遗体已于昨日下午四时火葬,计葬费二十单位文化局备函免收。运尸车费十三万五千,骨灰匣七万元,送葬者仅五六人,凄凉之至。昨闻文献会工会拟送花圈,同人则合送现金,但皆须俟今日发薪后方可支付。不料今日因上午机关不办公,下午银行不办公,故不得不到下星期一发薪,此事恐成画饼矣。

二十日　星期日

下午至富晋、来薰,得《新青年丛书》两种。

二十一日　星期一

午刻,子文来云无以卒岁,曾乞助于次公,不得覆,要我以电话询之。领一月下半月及二月份薪,共一百八十三万四千八百五十元。今日大寒节。

二十二日　星期二

送蔚南赙四万元。午后至文献会,还邵乃偲代我垫付合作社米煤及工会费九万二千元。午餐于高乐。

二十三日　星期三

今日上午九时,本定在二馆开会,为门警所阻,因改在一馆。

二十四日　　星期四

午刻,访章次公,转致凌子文意。旁晚看视文霞,俾五万元,未能多助也。

二十五日　　星期五

午刻,凌子文来。至四马路,得安南、印度等史籍五种,又为纪念馆购《七大文献》等二册。

二十六日　　星期六　　阴历除夕

二十七日　　星期日　　阴历壬辰元旦

上午林星垣来,代表工会慰问,并赠年糕、橘子。旁晚苏祖馀来。

二十八日　　星期一

上午至馆值班。午餐于席三家。下午二时在番禺路二〇九弄十六号开史学会成立会,到四十馀人。

二十九日　　星期二

晏起。下午至馆值班。致工会谢函。

三十日　　星期三

晨初见雪,终日阴雨,未出门。

三十一日　　星期四

二月

一日　　星期五　　阴

芝青挈诸儿女来。

二日　　雨

三日　星期　晴

晏起。午后至古玩市场、传薪书局绕行一周。

四日　星期一

上午至新华剧院,听传达市府讲词。

五日　星期二

午刻至文化局。午饭于五芳斋。便道至来薰阁、富晋书社。今日立春。

六日　星期三

上午至新华剧院开会。下午至文献会开会。与静山、涤尘、蓬轩共午餐。

七日　星期四

八时至馆,九时至文献会开会。回家午餐,三时再至文献会开会。

八日　星期五

全日在文献会开会。

九日　星期六

全日在文献会开会。芝青夫妇来,未遇。

十日　星期日

上午文献会开会。下午至馆,旁晚往视芝青。得家瑞书,灯下覆之。子文来,未遇。

十一日

馆回,视文霞,不遇。

十二日

馆回,过文霞,小坐。

十四日

闻雷声,是日为阴历正月十九日。谚云"未蛰先蛰,人吃狗食"。

十五日

午后至文化局,过传薪书店,取《万卷精华楼藏书记》。

十六日

顾起潜来访。午后偕沈子丞至文献会,冒雪而归。夜归,写三月份预算。

十七日　星期日

上午至馆,送预算表至文化局。沿路泥泞,举步维难。

十八日

剧寒,积雪不融。

十九日

寒更甚。接连三次星期日不得休息,惫甚,且咳嗽畏寒,遂僵卧终日。午刻,马同志来问候。

二十日

上午至馆。下午至文献会,应青崖之招。领下半月$\frac{1}{4}$薪三十万三千元,付房捐八万四千二百元。

三月

一日　雨

五时后,偕静山步行至复兴中路而别。信步至阿毛店中。复访章医生。

二日

归家,候章医不来。

三日

五时后至章医处取药。虞薰夜来长谈。

四日

旁晚至来青阁。虞薰夜来。

五日

晨至纪念馆,与子丞同往文献会,造第二季度预算。午刻吃面。马汉臣自文化局送薪水来,计六十万六千三百元,即付合作社生油二万四千七百五十元,又还吴静山、邵乃偲借款七万元,付房租十。今日惊蛰节,五时后至秀州书店,同惠泉至其家,与石麒共饮。

六日　雨

上午到文献会,造纪念馆第二季度预算表完毕。午刻独自至卡德路吃广州烩饭。午后我作第一次交代,因事先不及充分准备,故仍须补充思想检查。

七日　雨

全日大会,汪偶然、李青厓作交代,同事全体发言,至为热烈。午刻与静山、蘧轩、涤尘同至挹江楼吃鸡面饺子。

八日　晴

妇女节。上午新华戏院文化局开会,并映三反新闻片两场。下午文献会小组会。晚至传薪书店付《万卷楼书目》价,并购散原诗,共三元。再至来青阁还散原诗,付《巢经巢集》价二万,购《传奇汇考》一万。

九日　雨

挹江楼午餐。晚至来青阁,惠泉夜来。

十日　阴

全日开会。下午余报告,一致通过。

十一日　晴

晨至茶楼,晤石麒、惠泉。至纪念馆,偕子丞赴文献会,继至公安三团交涉纪念馆出入证,无结果。偕李枫午餐于洁而精。下午偕沈子丞、李枫视察一、二两馆。静山夫人于昨晚难产,已送妇孺医院。静山晨来请假,匆匆即去,时尚未生产也。农花夜来。

十二日

文献会三反运动今日结束。余应缴公九十万,约廿五日以前付去,但毫无把握。

十三日

晨晤惠泉,知与其子斗争,余力劝其忍耐少说话。今日开始回纪念馆工作。至文化局。

十四日　晴

至馆造四月份预算。惠泉与妻离婚,居杨金华家。

十五日

潮闷至难耐,午后雨。

十六日　星期日

晨至茶楼寻惠泉,不遇,以前年所借书四种交还其店友。访次公,知各区中医师集合训练,每天晚间三小时学习西医各科常识,约八个月完成。次公无科学基本知识,颇以为苦。午后睡,六时访虞薰,知张保宗之母于十一日逝世,年八十二岁。

十七日

文献会竟日开会。晚访富三,不遇。

十八日

晨至文献会测验三反条文。午刻雷阵雨。归家午饭。易雨具而出,至大陆药房,从虞薰借三十番。午后至馆。晚过席三。

十九日　晴

至馆。回家午饭。剪发。下午至南洋中学访徐镜清校长问旧式课桌,因纪念馆亟需此也。便道视培孙,耳聋气喘,精神萎甚,远不如去年光景,恐未必能久存矣,对之黯然。

二十日

收薪金四分之一三十万三千一百五十元,付合作社八万四千元,借邵乃偲三十万缴局。下午至社文处,付公会费。访芝青夫妇。

二十一日　晴

晨至馆。午刻至修文堂购嘉庆《上海县志》及徐世昌《书髓楼书目》,价三万。回家午餐。旁晚至协盛书店,借阅《来禽馆集》,明临邑邢侗撰,万历戊午刻,刻工为吴大贵、黄冈、李茂春、江夏、万儒等,崇祯丁丑、康熙十九年、道光九年三次修补。

二十二日

晨至馆。午刻送还《来禽馆集》。回家午饭,午后至文化局。

二十三日　星期　晴

偃卧终日。

二十四日　晴寒

晨至馆。午饭于洁而精。

二十五日

二十六日

二十七日

馆内办公室,自楼上迁至楼下。

二十八日

二十九日

馆中装电话及灭火机。与静山午餐于林园饭店。

三十日　星期　阴

上午阵雨。睡至申刻始起,本拟出门,忽大雨至黄昏始止。

三十一日　晴

上午至新华剧院,文化局全体大会,报告三反运动结束。凡有贪污行为,而不以贪污论处者八十人,余居其一。回家午饭,午后到馆。

四月

一日　晴

至文化局,接洽重造夏季预算。

二日

社文处来通知,要各人做三反总结。

三日

重造夏季预算讫。午饭于林园,与顾芷安通电话。

四日　晴

与静山午饭于林园。

五日　晴

领上半月薪六十万〇六千。还乃偲十万,席廿万,付房租十一万。

六日　星期

上午约惠泉啜茗,天忽大雨,同至我家午餐,略饮而醉,即入睡。旁晚起写完三反总结。

七日　晴

上午至馆讨论总结。李枫病假未来。回家午餐。

八日　阴

上午八时至社文处开会,开始五反学习。午餐于林园,与其店友莫雪邨略谈,乃芳瑜族人也。下午以四月追加预算表,送交琴梅。

九日　晴

接文管会信,索还顾问证件。下午至社文处。

十日　晴

午刻,君宾来谈。下午社文处注射鼠疫预防针,未去。

十一日

十二日

晨馆务会议。沈之瑜来,午餐于林园。午后社文处开会,开始五反学习会,毕与陈琴梅商定五月预算。

十三日　星期

至午刻起,莫雪邨来,不晤。午后访微雨,长谈。访文霞,留晚餐。

十四日

馆中开始写工作日记。

十五日

下午至四川路房管会,归途至新华书店及传薪、来青阁小坐,晤寿祺。

十六日

上午小组会,商馆中工作有无困难。致家青函。旁晚至实君处小坐。惠泉来,不晤。外间误传余被拘留,特来问。

十七日

晨访惠泉,知为金祖同造谣,真奇事也。

十八日

上午池宁、杨淑慧、沈之瑜、白蕉来馆会谈,并参观各馆。

五月

三日

电灯火表为96453,付电费及水费共一万九千七百元。

十日

上午八时半,在新华开文化局处理三反审讯大会,被审者十六人。第一顾南农,第三吴静山。下午白蕉约谈,谓潎喜斋善本藏书曾有大批高价售给燕大。去年潎喜斋藏书全部捐赠文管会,予见其目皆普通宋元本,颇以为疑,今乃恍然。

十一日　　星期

晨晤金华,谈秀州五反情况。下午龙超来,与亚倩同谈。

十二日　　晴

晨至馆,清理馆中旧账。午后写卡片十九张。金华来谈。

十三日

晨啜茗。上午做六月份预算。下午至社文处。

十四日

与静山午餐于太湖厅。席妻住妇孺医院,割子宫中血块,需款甚亟,无力援助。至修文堂小坐。

十五日

与静山午餐于成都路口一家新店,菜不甚佳,而座客甚多。午后至房管处,常熟区订约。邹永明辞职。

十六日

独自至重庆路口午餐。邹永明托查汉人二事,因手头无书,特往修文堂检阅。

十七日

至生达信封厂及交通路纸店,估价送交文化局。二次访席,均不值。虞薰夜来。惠泉来告,五反结束。

十八日　星期

上午与惠泉、金华啜茗。芝青挈二女来。

十九日

至林园午餐。付夏季房捐八万四千二百元。

二十日

领下半月薪除扣合作社十万五千五百,实收五十万一百元。岭南文工团聘上海象棋名家董文渊、朱剑秋、何顺安南下比赛,文化局欲先了解此三人情况,余拟访问吕思勉,但不知其住址。

二十一日

上午九时,文化、教育两局及文管会科学院等文教机关在人民大舞台开贪污犯宣判大会,处理四十八人,其中十九人免予刑事处分。馀皆判徒刑一年至二年半,缓刑一年。惟赵家璧执行徒行二年。静山、南农皆获免刑处分。午刻回馆,复至林园午饭,并告实君。午后偕子丞赴财政局,再由局介绍至大陆游泳场旧址,看市府所积物资堆积如山。今日小满节,天阴微雨,毛家老太云"小满逢雨,则大黄霉"。

二十二日　雨

偕静山午饭于锦江。

二十三日　晴

上午至社文处,下午席三来。

二十四日　晴

回家午餐,带回合作社所购物。

二十五日　星期　晴

上午理发。下午至传薪,购《皇元风雅》、《湘管斋寓赏编》等书。复至来青阁,遇孙伯绳。

二十六日　阴

上午至电管处开会,听舒雯报告,满口山东话,忽轻忽重,听不清楚。

二十七日　微雨

上午三四时,芳瑜忽急性腹痛,腹部肌肉收紧,几乎不能坐立。热度骤高至三十九度。四时天尚未明,且雨,惶急之至。八时至馆交代琐事即归。黎明时访问章次公,次公询病状后,断为急性肠炎,如此热度并不为奇。嘱先服杭白芍一钱,黄芩四钱,甘草三钱三味,俟午后再来诊。此三味为仲景方,芍甘汤止痛,加黄芩,成为止痛消炎之剂,服之颇效。十一时吃信谊配尼西林一片,一时许忽见汗,二时次公来时热度为卅八.六,云最好吃绿霉素,但价贵而难得,则即用中药治之。遂于三味中再加金银花四钱,晚蚕砂四钱,焦麦芽四钱,粉丹皮五钱四味。即至万春堂购药,秦伯未适在此店应诊,与之谈,阅方后颇不以为然,云此方无力消炎,必须加焦山栀五钱,木香八分,或可有效。余漫应之。抵家则芳瑜热已全退,殊出意外,服药即渐舒适。

二十八日　晴

十时到馆,以病状电话告次公,次公嘱以前三味加麦芽、谷芽服之。

二十九日　晴

午刻接市委电话,谓明日下午四时,北京《人民画报》访员要来馆摄影,各首长要同来参观,因与各同事积极布置,至晚九时始归。上午在大舞台听彭柏山、刘雪苇报告。

三十日　晴

上午至社文处,一时许得电话,谓各首长今日无暇来此,而市委保卫科、总公安局、解放军警卫队等均已事先出动,四时后均来馆,问讯后散归。至席三处,其妻已出院。

三十一日　雨寒

补填季度预算表格三种。

六月

一日　星期

连日疲惫,睡至午后始起。

二日

至文化局、财政局、房管处、税务局等处。又至生达,定印信笺封等。午饭于杏花楼。

三日

天热甚惫,欲购《延安文艺讲话》不能得,今日在地摊上无意得之。《解放报》访员来摄影。

四日　晴热

颇倦。造两月来购置资产表。发市委函。

五日　大热

上午至大众剧场听彭柏山报告,天热气窒不能耐,及半而退。

反家少憩,午饭后到馆领上半月薪扣合作社十二万六千六百五十元四十七万八千元。还静山五万,付房租十一万〇四百元。

六日　晴热

上午至社文处。

七日

上午阴,下午雨。

八日　星期

睡至过午始起。顾介荪来。晚大雨。

九日　晴

下午偕杨淑慧至三马路看书箱,再至文化局取调拨单。归途至大陆药房小憩,遍问各药房,欲购一百单位之配尼西林油膏不可得,据云从今日起购青霉素各药品,皆须凭医生开方。

十日　晴

午后至修文堂,检得衬纸百馀叶,可供钞书之用。至国光,托印格纸。晤金君,云排字房已尽移北京,上海仅一部分印机而已。至大陆游泳场,向公安局领配售竹布,为馆中窗帘之用。

十九日

上午八时至社文处,听传达报告,未毕急回馆,因明日有人要来参观,须将材料完全陈列。补写说明卡,王振声来襄助。下午大雨。旁晚秦翰才来谈,因公司改组,商进止。

二十日

上午九时有劳模等十人来参观三馆。下午至社文处,与徐钊谈三馆地价税事。领下半月薪,除扣,实收五十一万馀。静山从下半月起改薪为一五四单位。

二十一日　晨微雨

八时至社文处开会。午饭于洁而精。

二十二日　大雨　星期日

至馆值班,午刻至宁波路久昌五金号,购弹簧铝丝。

二十三日　晴

下午革命博物馆。宗威、金祖同来访。

廿四日　晴

下午装窗帘。杨重光偕女同志来参观。

廿五日　晴

《解放日报》董为焜来摄影。

廿七日

劳模及少先团等五十馀人分批来馆参观并摄影。

三十日

华东各行政区首长因在沪开会之便,前来参观。

七月

一日

上午人民大舞台开纪念会,夏衍报告。

二日

晨,陈市长、潘副市长偕刘长胜、王尧山、陈丕显等来参观。午后杨重光偕二苏联人来参观。黄允中女士来。允中为前博文校长黄兆兰之女,生于校,至十八岁始离去。毛主席来借住时,允中方七八岁,尝为之煮茶。夜大雨,始稍凉爽。

三日　雨

四日　雨

子文来告乏,愧无以为助。夜间稍受寒。

五日　晴　阴

工资始改分,余月薪为四百六十六分,今日领上半月薪扣合作社白糖二斤一万五千,实收五十八万八千九百元。付房租十一万〇四百元。

六日　阴晴间作

上午九时到馆。十时许芳瑜来。买面包当午餐。下午二时邑庙区委庞静涵等四十人来参观。

七日　星期一

八日

下午徐钊来,云社文处要开大会讨论静山事。芝青来。

九日

上午大舞台开会,于伶报告。

十日

晨,社文处大会,十时回馆,开小组会。午后至工务局。

十一日

上午小组讨论。午刻至工务局中区工务所,晤沈兆康。

十二日

上午小组讨论。午后留驻二馆。市区及区委等三批来参观,共五十四人。

十三日　星期

上午小组讨论。午后提篮桥区委来参观,共三十六人。

十五日

上午社文处大会,接小组讨论。

十六日

三馆有人来摄影并参观。九时左右,余忽畏寒甚剧,取窗帘护身,至十一时半,急往次公处诊治,时已转为高热,惟确知为感冒,而非疟疾,随即回家拥被而卧。

十七日

热退,在家休憩一天。

十八日　晴

上午至馆。午刻访次公略谈。报载四时后有台风袭,然未至。

十九日　晴

上午至馆,制八~十二月新工作计划表。下午领薪扣合作社九万六千七百,实收五十万九千八百元。

二十日　星期

上午有两批人来参观。下午本有市委会九十人来参观,结果未到,或因有大风之故。夜大风雨。

二十一日

休假。下午至馆,与子丞略谈。

二十二日

下午二时文化局刘宗治秘书召开会议。谈两事:一爱国卫生清洁运动,二医疗问题。

二十三日

二十四日

下午有芦湾区二十六人来参观。

八月

二日

填简历表二分,自我思想批判报告一分,交代关系登记表一分,今日送去。惠泉、金华夜来。

三日

病卧。

四日

病卧。今日馆中休假，仅一女同志值班，颇想去一看，天忽大雨，身惫竟未出门。

五日

勉强到馆。下午领薪扣合作社生油五斤，实收五十八万〇九百八十元。回家后仍有高热。

六日

上午华东军委何基沣来参观。午刻大雨。

十六日

颈上生热疮已多日，忽视之，乃溃腐而痛。今晨访次公求疗，复折回广益中医院，取红膏药敷之。

十七日

晨至馆，陕西副主席奎璧来。下午方行携眷来。

十八日　星期一

休假，余值班，下午芳瑜来同归。

十九日

旁晚至修文堂，南京宣传部欲访购西书四种，因转托实君。文化局发还简历表，要补填经历及住址等。

二十日

领薪，除扣合作社款外，实收四十九万四千元。

二十二日

今日原定上午八时在大舞台开会，临时作罢。午餐于园林。

二十三日

午餐于九味一。午时二时社文处开会。

二十四日　星期

颇热。写书目卡。上午开始读报。

二十五日

休假。宴起,午饭后到馆,知捷克文工团二百馀人将于明天分班前来参观,遂急于布置。

九月

五日

领薪五十九万五千七百元。

二十日

领薪四十七万七千七百元除扣合作社十万六千七百元。

十一月

二十日

领薪六十三万三千元,今日工资分二四八二,而发薪乃增为二七一一,不知何故。付房捐八万四千二百元。下午与芳瑜至华园听书。晚饭后,里弄开大会,芳瑜至会工作,余独往华园,归途微雨。

二十一日

晚饭后至西园听书。

二十二日

晚饭后至蓬莱听书。

二十三日　星期　阴

三十日

下午史学会开会,讨论"中国奴隶制与封建制",到廿一人。

十二月

一日

旁晚微雨,始寒。芝青来。

二日

晨至茶楼,见惠泉。十时至馆,陆一飞、张大壮来长谈。回家午饭。下午偕芳瑜、芝青及馆中同事同在淮海看《难忘的一九一九年》,剧寒。

三日

晚饭后独往华园听书。大壮来,同回家小坐。

四日

上午偕戴凝瑞至房管会。午饭于杏花楼。下午河北省主席来参观。

五日

下午江苏省委及苏联专家二人来参观。君宾电话索借《物种原始》。领薪六十万七千一百元,自十一月始工资分以二六〇〇计算,上月下半月所发稍多,系补上半月之欠。

六日　阴历十月二十日

芳瑜四十岁生辰。晚同赴华园听书。

七日

上午新疆维吾尔族等七个民族体育参观团六十八人分两批来参观。下午沈之瑜来。今日气候稍回暖。晚饭后听歌华园。

八日　阴雨

九日

休假。晏起。唐云、江寒汀、张大壮、吴天翁来午饭,闲话至四时始别去。

十日

十五日　阴历十月廿九

母难日。下午欲寻次公诊病，未果。访芝青、实君，均不值。听歌华园。

十六日

休假。上午至馆。下午偕芳瑜至群玉楼听书。

十七日　阴历十一月朔

夜听歌华园。今日起改为七档，去俞筱云，加杨乐郎及王凤瑛姊妹。

十八日

阅报，始知王培孙先生于昨日逝世，明日在万国殡仪馆大殓。

十九日

上午侯叔达来访。午饭后往万国殡仪馆吊王培孙之丧，与天放、幼楚略谈。

二十日　午后雨

领薪六十万七千一百元，扣合作物六万六千元。夜听书华园。

二十一日　星期日

早出，因廿七军部队同志约八时来参观也。

二十二日

孙秀云来报到。夜听书蓬莱，与朱介生略谈。

二十三日

上午至馆，知芝青已到我家，遂回家午饭。下午访平襟亚，同往老闸桥北听扬州人王少堂说《水浒》。

二十四日

二十五日

夜往华园。

二十六日

显宗法师来访，即老友马契西也，现为宁波七塔寺主持。夜往华园。

二十七日　雨

今天提前发来一月上半月薪六十万七千一百元，加过节费七千八百元。

一九五三年

一月

一日　阴历壬辰十一月十六日　晴

晨起至馆。今日原定余值班,临时改李枫。

二日

病。

三日

病。黄任师来馆参观,适我病假,不遇。下午至诊疗所请次公诊。

四日

病。

五日

到馆。下午至文化局。晚茶会,欢迎新同志。

六日

休假。下午到馆,适北京新华社有人来参观。

七日

到馆。

八日

休假。自今日起改分班休假制。约朋燕,未遇。

九日

十日

今晚起,华园以朱雪琴易顾竹君。

十一日

晨至人民图书馆,听沈之瑜报告。

十二日

付电费一四七五〇,水费六八〇〇。

十三日

旁晚雪。

二十日

领薪六十万七千一百元。

二月

一日　阴历十二月十八日　星期日

休假。昼夜往华园听书。寄陈援庵信。

二日　雨

今日各机关开始大扫除。夜往华园,自雪琴离沪后,华园已无可听之书。蒋云仙、戈剑池尚能唱,惜所说为沈凤喜、顾鼎臣,大为减色。明日剪书。

三日　雨

芳瑜加入司法短期学习,要在春节前结束,今日第一次听讲。上午王力同志报告,我未往听。发二月份薪一百廿一万四千二百元。

四日　雨

与芳瑜往华园听第一组会书：一、《拷红》，二、《朝鲜儿女》，三、《白毛女》。

五日　雨

六日　阴

惫甚，下午始到馆。

十三日　阴历除夕

晚访养初，闲话。琴木已回常熟度岁。养初留我吃面包，不忍却之。餐毕同过天翁家，适天翁已出，遂与其家属笑谑留连。余不至天翁家已十馀年，今子女成行，且抱孙矣。

十四日　阴历元旦　雨

偕芳瑜擎伞游邑庙，欲听王氏姊妹说书，而票已售罄。再至华园亦不得票，遂归。

十五日　阴

日夜在华园听书。

十六日

晨起见积雪。至馆值班。自今日起每夜改在蓬莱听书。

十七日

十八日

十九日

芳瑜病，独往蓬莱听三档即归。

二十日

独往蓬莱。

二十一日　时雪时晴

领三月薪三分之一,计四十万三千。

三月

一日

连日感冒咳嗽甚剧,未出门。

二日

旁晚,馆中同事沈子丞、丁凤亭、郑衍莲、张右铭、张桂秋、马汉臣同来问疾。上月付出春季房捐八万四千二百元。

三日

始到馆。夜与芳瑜听书华园。

四日　晴

休假。下午到馆,领薪三之一,计四十万五千六百元。付房租十万八千三百元。晚与芳瑜听书华园。

五日　晴

晨到馆,发黄任之师信。

今年夏秋间酷热,联绵一月有馀,未尝稍凉,皮肤病乃大发,近延朱维煜医师疗治,得小痊。

九月

六日

寄姚虞琴信,托购梦坡家藏近人墓志。覆绍虞信。写听歌杂诗八绝句,寄虞薰。

七日

下午与尹石公、叶笑雪茶叙,知汪旭初大病新愈。

> 尹石公挽何骈喜

> 机云身世而今日,刍狗文章在昔年。自卷觽怀偿独夜,谁闻拥鼻赴重泉。相看秦陇初归后,已觉菁英少逊前。几日楼头还对坐,如何一掷判人天。

八日　阴历八月朔

下午剑平来,同往萃英里小坐。今晚朱雪琴在华园初开《梁祝》,唱三段,用俞、马、陈三种调,佳绝。

九日

剑平早车回盛,余以七点三刻往,已先发,不及见。晚与芳瑜同往华园,遇虞薰。

十日

休假。晏起,未出门。得家瑞覆。旁晚咳甚,入夜尤剧。

十一日

到馆,得虞薰所寄诗。咳愈甚,至诊疗所取药。

十二日

十三日　星期

次公夜来,嘱查李时珍事迹。

十四日

连日咳剧惫甚。今晚始往华园小坐。实君从北京回。

十五日

衡之夜来。至实君处,见潘允端手写日记及顾刻《淳化阁帖》。刘晦之所存宋元板书百种,悉售于文管会。

十六日

在实君处检《弇洲山人集》，并借《白茅堂集》。

十七日

录《白茅堂集》中李氏事。

十八日

从孙伯渊借《湖北通志》。

十九日

领下半月薪，六十一万〇三百元。发步青、家珍信。

廿五日

至合众借《蕲州志》。

廿六日

偕芳瑜往华园。

廿七日　星期

至下午始起，恶寒惫甚。晚饭后勉强赴华园，以徐雪梅说《三笑》今日开始，昨晚已留座也。

廿八日

领十月上半月薪，六十一万〇四百元。

十月

一日

值日班。晚偕芳瑜至华园。

二日

值日班。晚饭后与宝琪闲话，比至华园，已客满矣。

三日

偕芳瑜同往华园。

四日　星期

休假。午后至蓬莱听王啸泉唱《双珠凤》。访陈虞薰。晚饭后至华园。

五日

至诊疗处作透视检查,知心肺正常。晚往华园。

六日

至诊疗所取咳嗽药。午刻起微雨。晚往华园。

七日

得颉刚函,介绍赵孟韬索《赵惠甫年谱》,苦无以应。孟韬为惠甫族孙,随即去函,并覆颉刚。

八日

至华园。

九日

编写《李时珍》剧本之张慧剑来访。至华园。

十日

付电灯费一万一千七百元,水费一万一千二百元。晚偕芳瑜至华园。

十一日　星期

卧竟日未起。

十二日

惫甚,晚至华园,听丽君唱毕即返。

十三日

十四日

偕芳瑜至华园。

十五日　星期四

休假。上午至文霞处,得家在信,托故不来。

十六日

办公处迁移兴业路新屋。下午微雨。

十七日

得颉刚信。偕芳瑜至华园。道遇毛剑秋。

十八日

上下午均有参观。李枫往北京。

一九五四年

一月

一日　星期五

夜与芳瑜至华园。

二日　星期六

接章锡琛覆函。夜至华园。

三日　星期日

上午有广西工业代表团参观。午后至东方，偕陆铁如听张丽萍唱《楼台会》开篇。访文霞。夜至华园。

四日　星期一

夜至华园。

五日　阴历十二月朔　星期二

上午东北局首长来参观。下午七时至人民图书馆参加党小组会，讨论李枫同志问题。沈子丞、郑衍莲同往，归家已十时。

六日　星期三

上午有波兰代表团及东北首长参观。下午七时选民小组开会，介绍候选人履历，余畏寒未去。

七日　星期四

上午,同人赴文化广场参观波兰展览会,余独留馆。夜至华园。接家瑞札。

八日　星期五　雨

张静庐寄赠《出版史料初编》。上午,同人至和平电影院听报告,余独留。夜独赴华园。接张静庐札。

九日　星期六　雨

下午,无锡工业代表团参观。接剑平两札。夜赴华园。

十日　星期日

至馆值日。昨夜起全身肌肉涨痛,不可耐。

十一日　星期一

卧床不能起,芳瑜时为余按摩。黄昏时章次公来诊。

十二日　星期二

卧床服药后痛稍止,不思饮食,懒言语,仍如昨。

十三日　星期三

服药卧床,沉默如昨。

十四日　星期四

进薄粥半瓯,腹中不舒,得食即泻。

十五日　星期五

始起身,脚软不能行,腰腿仍痛。

　　　　次公枉诊,口占一绝

　　　　一病方知筋力散,扶床数武亦茶然。有医相过肱三折,得句还夸札七穿。

十六日　星期六

午刻往次公家覆诊。到馆。余云岫开追悼会,未去。

十七日　星期日

莲青挈其子来。旁晚至虞卿家闲话。

十八日　星期一　微雨

晨到馆。夜至华园。

十九日　星期二　雨

接剑平函。致俞巴林函。下午至中医诊疗所,次公开人参片七日量。拟访汪企张,适因病未来。七时嵩山区普选投票,散会遇雨,与马汉臣同车归。

付电费04864 二万六千五百元,水费三千五百元。

二十日　星期三　雨

领薪六十万九千元。独往华园,听完《琵琶记》即归。

二十一日　星期四

旁晚至芝青家吃夜饭,莲青亦来。七时雨,与芳瑜同车归。

二十二日　星期五　雨

接朋燕函。杨君元交来《金陵卖书记》一册,《汴梁卖书记》一册,即转寄静庐。夜至华园。十时下雪珠。

二十三日　星期六　雨兼雪

夜至华园。

二十四日　星期日　晴寒

午后虞薰来,长谈。夜至华园。

二十五日　星期一　晴寒

上午至文化局,听五三年度工资福利总结报告。与涤尘至彰记,同午餐。得张静庐函。

二月

三日　阴历元旦　星期三

四日　星期四

虞薰父子来。接盛泽信，知步青已回家。

五日　星期五

上午至虞薰家。昨日立春，余在病中偶成绝句："病里逢春不自由，春光迤逦到床头。不知今夜弯弯月，照彻笙歌何处楼。"

六日　星期六

上午到馆，咳仍不已。接无锡王林函，询定盦事。

七日　星期日

覆王林函。致颉刚函。

八日　九日

卧床未出门。

十日　星期三

到馆。胡乔木、陈伯达昨、今两次来馆，均不晤。

十一日　星期四

到馆。

十二日　星期五

火表05514，付电费二万三千六百元，水费三千四百廿元。夜偕芳瑜至蓬莱。

十三日　星期六

双至蓬莱。

十四日　星期日

上午剪发。下午至博物馆,出席史学会年会,到四十餘人。双至蓬莱。

十五日　星期一　雨

致颉刚、起潜函。

十六日　星期二　雨

覆步青、剑平函。

十七日　星期三

十八日　星期四　雨

十九日　星期五　雨

二十日　星期六

收三月份三分之一薪四十万四千七百元。付房捐八万四千二百元。步青来信。

二十一日　星期日

倦卧终日。

二十二日　星期一

二十三日　星期二

得剑平函。

二十四日　星期三

托实君代买理化书五册。致剑平函。

二十五日　星期四

以理化书五册寄剑平。

二十六日 星期五

覆王林函。认公债十五万,芳瑜认五万。

二十七日 星期六

夜至蓬莱。

二十八日 星期日

值日。

三月

一日 星期一 雨

六月

十九日 星期六

领下半月薪。晚与芳瑜至华园。步青絜其女家珍夜来,未遇。

二十日 星期日

晨起至仲家,寻步青不遇。冕臣病已垂危。逾时步青、家珍来,始知父女以十八到沪,住文霞处,昨日在仲家晚饭后折至我家也。即留午餐。二时许步青送家珍往临清路吴家。午后小睡。晚与芳瑜至华园。

二十一日 星期一

二十二日 星期二 夏至

冕臣以下午三时逝世,旁晚阿宝来赴告,即邮函转告步青。晚饭后即往仲家致赙五万元。至华园。

二十三日　星期三

午饭后至乐园殡仪馆送冕臣入殓，晤朱雍甫先生，别逾廿载矣。雍甫业医，吾邑人沙千里其婿也。

二十四日　星期四　雨

夜至华园。

二十五日　星期五

夜至华园。

二十六日　星期六

夜与芳瑜至华园。

二十七日　星期日

因蓝宝龢之介往访沈燮臣，观其藏书，无佳品。访尹石公，知松江人杜镇球深于小学，撰稿盈尺，与金祖同有戚谊，我竟不知其人。姚鹓雏昨日病逝。徐森玉在华东医院住四月馀，近已回家。过西摩路阅肆，无所获，即在近旁一小店吃面。下午二时史学会假座博物馆开会，晤顾颉刚，将于七月底赴京，就古代史研究所事。四时后，与石公至康乐小坐。杨千里约而未来。甫抵家，有苏州人狄静观持姚孟勋介绍函来访，此人与顾颉刚、陈毅丞均熟识。其家有祖遗藏书，均通行本，惟内有《许自昌集》、《樗斋漫录》等四种，极罕见之品，早为识者摘去矣。夜与瑜同往华园。

二十八日　星期一　雨

杜凌来，晚饭后去。

二十九日　星期二

晚至修文堂遇陈守中。实君前数日从梯上滑跌，两足俱伤，不能行走。实君云《许自昌集》等五种，温知书店以八十万购进，而以最罕见之四种转售于振铎，馀《徐氏笔精》归实君。《樗斋漫录》中多论《水浒》，真罕见之秘帙也。

三十日　阴历六月朔　星期三　晴热

致石公函。

七月

一日　星期四

二十四路无轨电车到西门后,折向中华路,绕城一周仍回复兴中路,自今日始。午后雨。剪发。

二日　星期五　阴

在淮海中路午餐。至席三家小坐。二时在文化局放映室开清理物资会议,晤静山、君元、南农、偶然、星垣。

三日　星期六　闷热

晚至华园。

四日　星期日　大热

杜凌来吃饭。下午风停,闷热不堪,偕芳瑜至文化馆散步,继至华园。

五日　星期一

领薪六十一万五千五百元。夜微雨。

六日　星期二

下午热甚,晚至华园。

七日　星期三　热甚

以《草字汇》送交石公,托其转致江老。石公以李大钊像片覆示。晚作《听歌杂咏》四绝句。

八日　晴寒

校昨日约降十度。夜至华园。

九日

午后转热,夜雨。

十日

夜至华园。

十一日　星期日　雨

至馆值班。夜至华园。

十二日　星期一

连日看汪钝翁《东都事略跋》,钝翁作此时年未五十,已有
□□□□□□□□之感,我今年已五十有九,尘事牵率,精力日衰,
复何冀乎。晚与衍莲谈。

十三日　星期二

夜至华园。

十四日　星期三

上午吕十千来访,其家藏有《吕晚村文集》八册、《续集》一册。原
刻《文集》前四册钞,《干禄文》二册,《天盖楼诗集》一册皆钞本。《诗集》
校石印本多,吕晚村、张杨园合钞《四书语类》八册,吕无党《干木集》
三册皆原刊,并晚村遗砚两方,待沽,为函询徐森老。午刻访实君。

十五日　星期四

夜至华园。

十六日　星期五

得徐森玉覆。上午至局,参加老年人座谈会。与静山午餐于
彰记。夜至华园。

十七日　星期六

午刻访吕十千。夜至华园。

十八日　星期日

上午阴晦。下午访陈虞薰,长谈,晤杜仲远。夜至华园听黄静

芬唱《哭灵》。

十九日　星期一

晨,吕十千携示吕无党集,乃四书文,失望之至。

二十日　星期二

领工资六十一万五千五百元。晚与子丞、衍莲长谈。

二十一日　星期三

晚七时,至人民图书馆开全处干部会,听沈之瑜报告上半年度总结,遇独鹤、崇德诸人。与衍莲、秀英步行归,至黄陂路口,二人回馆,正想雇车,忽遇祖同,送余至西门。

二十二日　星期四

晚又与子丞谈,颇不洽。

二十三日　星期五

子丞忽悔悟,愿息事宁人,其言未必由中,但表面上可以暂告段落矣。

二十四日　星期六

旁晚访天翁,知大壮已与邻嫠结婚。晚至华园,竟无可听之书。

二十五日　星期日

上午理发。下午二时,史学会假博物馆开会,听胡厚宣讲东北情况,兼欢送顾颉刚北上。

二十六日　星期一

二十七日　星期二

二十八日　星期三

二十九日　星期四

午至修文堂,看潘刻《淳化阁帖》。夜至华园。

三十日　星期五　阴历七月朔

夜至华园,今日起换书:(一)徐云志、徐琴韵《贩马记》,(二)吴红绢、王小莺《西厢记》,(三)薛小飞、邵小华《百花台》,(四)陈绿波、汤乃秋《婆媳相会》。云志年已花甲,嗓音仍好,体亦肥硕。小莺似有病容。薛、邵二人均只十四五岁。

三十一日

杜夌来。晚至华园,芳瑜同往。寄剑平信。

八月

一日　星期日

芝青来。晚至华园。

二日

午刻子文来。晚饭后因芳瑜去开会,遂赴华园。

三日　星期二　晴

四日　星期三　晴

七时半到馆,因今日本有人约定八时参观,结果未来。方行约下午来,亦不到。

五日　星期四　晴

领薪六十一万五千五百元。夜至华园。

六日　星期五　晴

夜至华园。薪侯索为徐云志、徐琴韵赋嵌字诗,戏成一绝句:"结伴长为适志游,疏棂风细正新秋。徐闻琴韵清无敌,又见云开月满楼。"

七日　星期六　晴

至彰记午餐,遇静山、若虞。晚与芳瑜至华园。

八日　星期日

晨,剑平来,同往城隍庙。午后睡。晚至华园。

九日　热甚

夜至华园。

十日　星期二

午餐于杏花楼。至中图公司购《诗词曲语辞汇释》。

十二日

上午未出门。

十四日　星期六

上午至大舞台看评剧。大三元午餐。

十五日　星期日

上午至合众图书馆还《续碑传集》。

十六日　星期一

大潮初至,午后闻金陵东路一带大水。大舞台夜戏票二张,送毛瑞曾。

十七日　星期二

上午文化局递信员来,云泥城桥以东,南京路以南,均大水没膝,车辆停驶,惟公共汽车尚勉强缓行。云志病,其门人吕莉萍等二人代。

十八日

十九日　星期四

上午吕十千来,云书与砚并由文管会收购矣。下午雨。

二十日　星期五

领薪六十一万五千五百元。下午六时后大雨,归家衣履尽湿。

二十一日　星期六　雨

二十二日　星期日

值班。

二十三日　星期一

晨起觉右边头痛。下午未出门。

二十四日　星期二

下午至诊疗所次公处方。四时后开会,讨论大扫除及食粮供应。

二十五日

工会开会。晚大风雨。

二十六日

上午偕周主任及房管局所长往三处巡视,计划防汛设备。

二十七日

梅可钧、顾南农来验收打字机。

二十八日

上午,捷克东方学者来参观。下午至诊疗所。

二十九日　星期日

午刻至馆,适下午有人参观,遂留待。午后二时,本拟至博物馆参加史学会,竟未能往。今日市立第十一医院(中医)假黄金剧院举行开幕礼。

三十日

邱惠芬来,同往华园。

三十一日

各馆装防水闸。

九月

一日

早到馆,看三馆修地板,二馆装闸。晚与良佐同车回。

二日

上午偕良佐到二馆,旁晚步行同归。

三日

四日

领薪。下午咳甚。

五日　星期日

上午偕郑衍莲访张右铭。下午咳喘甚剧,黄昏后热度高至三九.八,不出汗,午夜后有汗,热渐退。

七日

热退。周良佐来。

九日

杜夌来。

十日

郑衍莲代表工会送月饼来。杜夌来。午刻至次公家诊。

十一日　阴历中秋

下午至中医诊疗所。

十二日　星期

访虞薰,晤吴欣木。晚祖馀来。

十三日

到馆销假。

十五日

上午在北京电影院听报告,晤白蕉、君元。长林告余,蓬莱主持剧艺者为贾进。下午至诊疗所,晤郑衍池。

十六日

旁晚,秀云至我家。

十七日

中午未回家,为秀云作诉状。

十八日

十九日　星期

值班。

二十日

领薪。

二十一日

移无线电至馆。祝逸亭逝世。

二十三日

上午,新文艺出版社李伯城电话约谈,未去。午刻至修文堂观新购书四种:

《增修累音引证群籍玉篇》三十卷,金洨阳王太原编,大定戊申秋七月望日,沧州清池县邢准编并序。陈书厓昂旧藏。王太本刻于大定甲申季秋望日,题"大定甲申重修增广类玉篇海"。后题编集校勘人祕祥、赵卞、周胤、张宗古、杨景、张衡、范询、李温。

《杨忠烈实录》汲古阁刻本,中缝下题"世美堂"。"苞生也晚,未得亲侍公门墙,而先君子辱知于公,公方陟内宪,闻先君子讣,辄手书远及慰勉,谆谆如家人父子然。呜呼!小子何以得此于公哉?盖先君子慕义急公,忠烈公矢忠报国,气味相感如针芥,公故惓惓于先君,而因以勖小子也。客冬,公之胄子来邑,衿绅綮维其驹,小子因为下榻,追念往事,相对歔嘘,继之恸哭,恨先君之早世,而不及从公于难也。虽然,庇甘棠之佳荫,接令子之鸿仪,小子窃有厚幸焉。矧公鉴在圣明,芳传史册,有如此集,夫复何憾? 为之重刻,以广其传,谅君子之所乐观也。海虞门人毛凤苞顿首拜跋。"

《国寿录》陈敬璋手钞。《例言》后吴兔床手跋云:"以上《例言》未审何人所作,其云'扶风氏藏',疑为插花山旧本。嘉庆壬戌,予七十初度,陈奉莪茂才手录此本见贻,其原本则又从周勤补孝廉借钞也辛未七月记。"

张缙彦诗集三种:《燕笺》、《归怀》、《徵音》。

自九月三十日晚至十月二日

晨二馆值班。

二日

晨起,拟至洁而精茶点,途遇陆曼炎,遂同往。曼炎告我胡道静已全家回沪,费行简已逝世。

五日

下午补假,至大华,听张丽萍、葛佩芳、朱雪琴弹词。四时访胡道静于上海出版公司,观新印《铜鼓图录》,为老友闻野鹤编集。野鹤现任成都大学教授。道静自新疆回沪已一年矣。

十日　星期

在馆值班,苏继顾来长谈,谓郑振铎、章伯钧已成为新兴大藏书家。浙馆藏明刻《史通》多一页。研究南洋地理者冯承钧,专译伯希和而无所补正,且有错误。伯希和原书所引注释极重要,皆被删去。张星烺则多臆说。苏州吴某,在北京以廉值得尺牍数麻袋,合之他所得者,已逾五万通以上。

一九五六年

八月

十八日

夜十一时四十八分,偕芳瑜乘车赴京。剑平、芝青、蕙芬到站送行,芝青流泪而别。

二十日

晨六时十八分抵京。行政科郑杰民及工友以车迓,直达新寓。访阮介蕃夫妇,留午饭。至中山公园夜饭。

二十一日

孙助廉来,同出午饭。文英与杨继仁同来。

二十二日

上午章雪村来。下午马亚贤来,同往中山公园。晚餐,忽大风起,急归,归后即大雨,亚贤留宿。家具运到。

二十三日

与亚贤同往马甸回民小学。至章次公家午饭。上午王伯祥来,不值。

二十四日

头痛发热,喘咳不止。晚饭后,次公来诊。王浩廷来。

二十五日

终日卧床不能起。上午伯祥来谈。

二十六日

上午次公来诊。下午陈舜华来。

二十七日

上午至出版社报到，与乃夫、调孚、静庐诸人谈。午刻访伯祥，再同往雪村家小坐。接明书□。周振甫夜来。

二十八日

上午富晋送来书箱六只。午刻次公来诊，留午饭。

二十九日

上午文英来，留午饭。明5函。傍晚与芳瑜至景山公园，绕行一周。

三十日

晨助廉来，同往法源寺。看文物局正派人整理书版。午饭后，同至琉璃厂萃文斋（雒卓筠）、丽生书店（魏丽生）、藻玉堂（王子霖）。四时后归家小睡。七时至圣陶家晚餐，同座章次公、徐衡之、王伯祥、徐调孚。

三十一日

上午伯祥来，同至中山公园。午餐后，同访郑振铎，四时出。余往出版社与乃夫客谈。

九月

一日

上午至琉璃厂，无所遇。至胡开文买笔而归。下午喘咳惫甚。

二日　星期

上午汉兴来，留午饭。下午亚贤来。杨继仁父女来。五时，偕芳瑜访次公，不值。

三日

上午寄明八绝句（6）。

绵邈话生平，燃藜照眼明。知己难再得，情至不须盟。

小楼结新伴，馀事共论文。佩君多博识，师我还师君。

匆匆庐山行，濒行两凄绝。何堪十日欢，翻成久离别。

先后信由天，商量解答难。贪痴我未绝，总爱月长圆。

将别惜此聚，别后心如焚。日日忙中过，得闲便忆君。

夜夜梦君来，君来笑口开。谈笑多新义，寒门春意回。

夜夜梦君偕，为时短亦佳。纵谈身世事，我能开君怀。

万一能如愿，天填恨海平。长街新月好，安稳驻明君。

四日

上午至北京图书馆，晤赵斐云。下午访伯祥。

五日

下午伯祥来，同至北海公园吃茶。六时许，伯祥先归，余与芳瑜乘渡至五龙亭，观九龙壁而归。寄明7、8。

六日

阴历八月初二也。前月初二立秋，余别明于江浒，遂成久别。上午至出版社，以拟上文化部呈文稿交王乃夫。下午至富晋，与浩廷同出，购灯罩、茶叶、鸡毛帚。至前门吃烤鸭，复听相声，至为鄙俚，不终席而归。寄明9。

七日

上午访谢蕴贞，同午饭。傍晚次公来。七时半访潘孝硕，长谈。

八日

上午至中国书店,顺道访介蕃新居。寄明 10。得沈玮函,以谢沈两函并寄明 11。

九日　星期

上午浩廷来。下午芳瑜偕惠君访文英。独坐无聊,寄明 12。

十日

午后寄明航 13。夜与芳瑜至中山公园,看越剧《桃花扇》。

十一日

晨至公园。下午至出版社。明托人馈月饼至,覆 14。

十二日

上午得谢蕴贞函,即覆。又快函覆在惠。牟延清同志来,约余担任选区召集人。

十三日

上午至出版社开会,讨论(1)印木板书呈文,(2)明年选题计划。下午五时,应黄任老约往访,遇瞿菊农。七时,选区召集人开会。

十四日

下午二时选举小组开会。晚陈济川来,长谈。

十五日

覆明 15。午刻起阴暗,大雷雨,二时许下雹。

十六日

上午杨继仁来。亚贤夫妇来,留饭。下午访次公。发俞志鸿信,并覆明 16。

十七日

上午杨继仁来。晚普选小组长开会。

十八日

晨与芳瑜至中山公园,出天安门绕行一周回,至来今雨轩吃茶,惫极几不能步,回家即睡。齿痛头痛,热度三七.六。晚次公来诊。

十九日　阴历中秋

寄明 17。下午再寄 18。

二十日

卧病。下午郑杰民来。晚次公来。

二十一日

上午寄明 19,下午 20。

二十二日

上午覆 21。下午访伯祥、雪村。再覆 22,并寄玮。明寄来棉背心一件,今日收到。

二十三日　星期日

上午徐调孚、周云青来谈。晚普选小组会,夜覆明 23 翌晨发。

二十四日

云青以《医药编》三册见赠,即覆。

二十五日

晨寄明 24。晚王重民来。富晋来。

二十六日

午后次公来。富晋来。同往午门看狮子舞。潘孝硕来。寄明 25。

二十七日

上午叶玉甫约谈,回,至介蕃家小坐。午后航覆明 26。潘孝硕长谈,留晚餐。

二十八日

电明决来。下午六时半至郑振铎家晚餐，到金灿然、章雪村、徐调孚诸人。灿然将于后天夜车赴苏、德。

二十九日

上午访顾颉刚。文英来午饭。

三十日

上午龙伯坚来，午饭。

十月

一日

上午六时十六分，孝明偕在惠等亲属共四人自沪来，余与老袁在站迓候。老袁先将行李去，时游行道阻，余与明等四人至富晋书社，午后二点半后始分□雇车去。余于三时半后回家换衣，再至孝明处。晚饭后归，是日大雨。

二日

上午叶平子、陈舜华、马亚贤、潘孝明、沈在惠来，午饭。下午潘孝硕、徐衡之来，晚饭。

三日

上午九时与邓散木、张静庐、汪兆平在来今雨轩吃茶。明来，同至孝硕家午餐。再与明至东单商场百货大楼买茶叶归。下午伯祥来，未遇。颉刚来，小坐即去。

四日

上午至出版社访王乃夫，谈孝明事。午后偕明至故宫看绘画馆。六时同访章次公，为明处方。

五日

下午与明在来今雨轩叙谈。夜十时至车站,送明回沪。今日为阴历九月初二日,余以七月廿七日初至明寓,为阴历六月二十日。又以八月七日,在江边送明乘江安赴匡庐,则为阴历七月初二日。今再度话别,又值初二,抑亦奇矣。

六日

下午沈在惠偕其父来,同往中山公园及工人文化宫。夜寄明明晨发。

七日　星期日　微雨

上午访伯祥,同往周振甫家,与张沛霖谈明事。

八日

接家青函,云有两同志来京,欲暂住我家。下午至出版社,征王乃夫同意。夜至萃华楼晚餐,应在惠及其弟祥之招。沈祥现任军委会少校。

九日

下午偕瑜至西单商场。陈援庵来,沈在惠来,杨继仁来,均不值。晚龙伯坚夫妇约同孙蜀丞、章次公在玉华夜饭。饭后约次公同归,为解文华处方。

十日

下午三时,偕在惠至故宫观钟。再至北海,在仿膳晚餐。在惠夜车回沪,托带百效膏给衍莲。

十一日

下午至富晋购《四库索引》,并与之结账。

十二日

午刻发明信2。午刻至北京图书馆领阅览证。访陈援庵,不值。偕瑜至景山登高,以今日为阴历重九也。

十三日

上午寄明 3。昨晚寄明书六册。

十四日　星期

上午访雪村，同至中山公园吃茶，遇伯祥、颉刚。午后龙沆来。

十五日

晨访伯祥，即至社谈木板印书事。下午访陈援庵，长谈。寄明4、玮各一。

十六日

上午至社，欢迎文学社合并来三同志。晚次公来，谷牧来。瑜至长安观越剧《玉堂春》。寄明航 5。

十七日

文瑛来午饭。下午印书訾瑞恒来谈。

十八日

张静庐、高克辛来谈印书事。下午覆明 6 航。

十九日

上午至科学院、北京图书馆。下午访陶心如长谈。至琉璃厂阅肆，遇天津市人民图书馆黄钰生子坚。与富晋同餐于鸿宾楼。

二十日

上午至历史研究所访张政烺，不值。过修绠堂。游隆福寺。下午次公偕镇江名医章□□来谈。孝硕送鸡来。寄明7。

二十一日　星期

下午至南池子，途遇李枫，同归，长谈三小时。夜姜长林、姜泉生自沪来，止宿。

二十二日

上午邓散木来。下午访次公、衡之，购丸药归。

二十三日

上午至文字改革委员会开会。会毕,与誉虎、散木、万里、公愚诸人午餐于萃华楼。午后至出版社,谈木印及明年度计划。晚寄明8。

二十四日

上午至文化部听钱俊瑞报告。下午偕瑜至北海。至文物组,晤主任陈育丞,为簠斋孙,长谈甚快。

二十五日

上午至文化局出版科,晤李丽蓉。访孙曜卿。访吴式芬后人吴宝缪,不遇。姜长林等三人来。次公来。修绠堂送阅澹生堂钞本《萨天锡诗》。

二十六日

上午偕张静庐至北京大学,晤向觉明、王有三、刘国钧。北大图书馆已编《李木斋书目》,并陆续编印馆藏书目。王有三编《美国国会图书馆中文书目》十卷,曾在抗战前印成八卷。

二十七日

午后,至午门历史博物馆,晤史树青(保管组)长谈,并钞该馆藏板目录。以人参鹿茸丸60粒加糖一磅交泉生,托带交明。寄明9。

二十八日　星期

晨至招待所访长林等,未遇。下午偕瑜至隆福寺商场。夜雨。

二十九日

下午陈援庵、刘迺和同来。姜泉生来,留夜饭。

三十日

长林来辞行。得明函,即覆10。

三十一日

上午接明寄来《面向光明的日子》试译稿,即覆11。

十一月

一日

得在惠信,即覆。

二日

上午访陶心如,同往故宫绘画馆。中午在北海茶点。下午四点访贺昌群。夜寄明 12。

三日

上午至人民剧场听报告。姚绍华来,未遇。午刻至潘寓,取在惠寄来帽子及转交谢蕴贞衣。

四日　星期

亚贤来午饭,同至北海公园,登白塔最高处。以衣包托其带交蕴贞。归复作书寄瑞贤,并录副寄亚贤。

五日

出版社前天托锦章带来煤费十八元。终日未出门。

六日

下午至出版社。归访伯祥,遇绍华。次公夜来。

七日

未出门,看《室名索引》样页。寄明 13。

八日

上午姚绍华来。陶心如来,章次公来,并留吃饺子。下午装火炉。

九日

上午理发。

十日

阴寒,未出门。

十一日　星期日

晨伯祥来,同往中山公园吃茶,孝先亦来。与孝先同归,周云青已先来,同留午饭。苏汉兴、杨慧君同饭。孝先长谈至三时半始去。

十二日

下午与芳瑜至碧云寺,访朱菊英。接明函,谓药交董君带来,但不见交来。晚访君硕竟无下落,归后即覆明 14。

十三日

晨姚绍华来。惠来函即覆,并寄明 15。次公与夏炎德同来晚饭。

十四日

上午至文化局。访心如,同往砂锅居午餐。归后小睡。老袁送药来,即告明 16。

十五日

接阿英电话,候之未来。介绍訾瑞恒至修绠堂检报。

十六日

上午至文物组及修绠堂。下午王稚圃来。

十七日

初见雪,庭院皆白。

十八日　星期日

放晴,阳光和煦如春。

十九日

上午至来薰阁。下午偕芳瑜至西单市场。以席勒稿寄还明 17。

二十日

下午至出版社。夜雪。

二十一日

上午至北京图书馆,晤杨殿珣。

二十二日

上午至文化部,晤张葱玉、傅晋生。瑜生日,文英来。

二十三日

上午至前门购茶叶,并寄琴舫函。

二十四日

未出门。

二十五日　星期日

上午偕陶心如,同访傅晋生长谈,留饭。至旁饭,仍与心如同归,留夜饭。傅赠《群书题记》正续编。

二十六日

二十七日

二十八日

连日排比书目索引,未出门。下午阿英来。雨。寄明 18、19。

二十九日

接在惠信,即覆,并寄明 20。

三十日

十二月

一日　阴历十月廿九

余生日也。马公愚夜来。亚贤来,止宿。午后访伯祥,又至文化部访傅晋生,未遇。

二日　星期日

上午陶心如、龙伯坚来，留饭。下午亚贤别去，芳瑜偕往团城北海绕行，始别。

三日

头痛咳剧，未能出门，派郝明科往访晋生。

四日

琴舫寄来上海书场节目。

五日

校《室名别号索引》清样 1—112 毕。

六日

阅张冷僧校《国榷》。接孝明函，知译稿已退还，即覆 21。寄章雪村、顾起潜、史嘉荣、王琴舫函。

七日

下午，马公愚来，陶心如来。

八日

下午偕瑜访陈舜华。覆沈子丞。

九日　星期日

郝明科至傅家取板，余畏寒，未同往。富晋夜来，付账廿二元。

十日

下午文英来，留夜饭。覆天津市委公函，知李雁晴消息。

十一日

十二日

十三日

十四日

十五日

孙助廉自沪归,来谈,留晚饭。

十六日　星期日

访张葱玉、马公愚。

十七日

访心如。至修绠堂阅书,遇首都图书馆冯秉文。

十八日

下午至出版社。

十九日

杨殿珣来。陶心如来,午饭,同访徐邦达。孙功炎来。接黄公渚函。

二十日

心如来,午饭,同游故宫东部。次公、助廉来,与心如同留夜饭。

二十一日

接孝明还书五册,而无函,下午接函并药三十片,即覆。

二十二日

至出版社。

二十三日　星期日

下午偕瑜至故宫。亚贤来,不值。

廿四日

下午至修绠堂。访傅晋生。至出版社谈《东华录》问题。文英来。次公来。

廿五日

晚,马公愚来辞行。

廿六日

心如来,小坐即去。

廿七日

廿八日

下午至出版社,讨论文化部会谈记录。

廿九日

午后至出版社,与乃夫略谈。访遐庵,不遇。

三十日

至郑西谛家午饭,在座有史久芸、伊见思、戴孝侯以上商务、赵斐云以上北京、吴晓铃、夏鼐、陈梦家、章雪村诸人。饭后与雪村同归,长谈。李重人、章次公来夜饭。赵力平来。

三十一日

亚贤来,晚饭后去。

一九五七年

一月

一日

午后王菁华姊妹来。杨继仁来。誉虎来电话,长谈广州书板事。

二日

三日

下午至出版社开会,谈中华合并事,续谈编辑部总结。

四日

元刻《诗外传》,李继皋家旧物也。吾友吴眉孙、秦曼青合赀影刻。刻成而未印书,前月移板来京,为之刷印。据曼青序,知有校记,但未见刻板,因移书眉孙询之。今日得眉孙复札,谓曼青已于十一月廿二日无疾而终,校记盖未成稿也。忆三十年前,余与曼青朝夕相见,尝合印汪容甫遗书。近年曼青键户礼佛,遂久失瞻对,今竟永别矣。张静庐转来龚翁送我石章一方,说是新年礼物,我实在不愿收受,但亦不便退还,真觉为难。

五日

孝明托老袁送来食物三件。亚贤晚来,留宿。

六日　星期日

上午舜华夫妇来,与亚贤同午饭。下午李重人夫妇来,持赠所著《龙池山馆诗稿》一册,并假伍非百著《中国古名家言》七册。非百今在成都任四川图书馆长,于名家诸子致力甚深,殆非时人所及。

七日

上午助廉来,装治《棠阴比事》、《泽国纪闻》两书成,付《樵隐昔癙》价十二元。

八日　雪

得陆志韦、吴静山函。文社部送来介绍信八件。

九日

午后访叶遐庵,继至修绠堂,遇王利器。访赵紫宸,始知病剧入协和医院矣。我与紫宸昔年在东吴同学,相别四十六年,此后不知尚能相见否。常州陶北溟、四川王耕木耒,皆以高年喘咳,在此数日中骤然怛化。心如夜来,留晚饭。

十日

下午至出版社。赵敦甫来访。

十一日

上午刘迺和来(刘学谦孙女)。

十二日

上午叶遐老送来广州介绍信六函。次公来夜饭。

十三日

上午亚贤来。下午偕瑜往文英家,同至百货公司买零物,为上海赠人之用。

十四日

午后至修绠堂及出版社。

十五日

上午至文化部,与振铎谈。继至出版社。下午助廉来,同至都益处晚餐,瑜偕行。寄明(下缺)。

十六日

上午至出版社,招待法记者龙彼得。下午至第一中学,晤徐校长。亚贤来。夜车赴沪。临行接明函。

十七日

在车中。

十八日

晨抵上海,误点两小时,到站已九时矣。雇车直至五凤里,与实君出外茶点。午后至纪念馆。三时访明,同至锦江晚餐。夜宿实君家,有寒热。

十九日

朱孝慈约俞志鸿来诊,咳喘头痛,热度三七.八。亚贤之母来。明送被来。

二十日

志鸿来诊。君达夫妇来。剑平来。静山来。

二十一日

志鸿来诊。林星垣来。杨寿祺来。郑衍莲来。

二十二日

议移住医院。出版处派秘书科何久相来联系。

二十三日

何久相与公疗第一医院联系,约下午至院挂号,经门诊签署后即住院。但今日热度已退至三七以下,余以病情不合住院条例,恐累主任医生受检讨,且住院亦甚寂寞,遂决计不往。午后剑平来,强起同往门外散步,卧床多日,今见阳光,颇感舒畅。剑平归后,遂径往明家晚餐。晚归,接孝慈电话,知国际饭店有房间,遂即移住十一楼十号。

二十四日

至传薪、来青诸家。

二十五日

二十六日

曾岚来。席涤尘来。

二十七日

偕明至鲁迅纪念馆。访屠伯范。

二十八日

涤尘来。

二十九日

姜长林来。姜泉生、孙秀云来。郑衍莲来。

三十日

上午访森老,观程氏旧藏宋拓《米襄阳篆隶帖》、《毛诗蜀石经》,天一阁旧藏《刘熊碑》整张及书棚刻《金刚经》照片(疑讹)。至五凤里取京来三函。亚贤函借二十元,嘱交其母。途中遇钱叔英,拉至其家晚餐,并同至国际饭店小坐。

三十一日　阴历丁酉元旦

午后访起潜。与涤尘饭于明寓。

二月

一日

上午高君宾来。钱叔英父子来。午后至华园听书。虞薰家晚饭。

二日

上午姜泉生偕孙毛仁来。午后理发。剑平家夜饭。

三日　星期

上午与石公、白蕉、实君在新雅吃茶。午刻惠来同餐,并观剧。静山来。姜泉生、秀英来。芝青来。剑平夫妇来。莉莉夫妇来。

四日

上午至上海图书馆,与李芳馥长谈。观吴江方塔藏经及从废纸堆中抢救诸书。至古籍书店购字典及另书。杏花楼午饭。至文物仓库观《友林乙稿》板及秦曼青捐献书目录,静山亦至。明寓晚餐。

五日

上午至博物馆访杨宽,观玻璃版印刷。下午至文化局,晤沈之瑜。至出版处,晤夏绍章。与蕉同餐明寓。

六日

上午访仲实甫,留饭。午后钱镜塘来,携示王百穀卷,有荛翁长跋。顾芷安来长谈,同赴十四楼晚餐。

七日

上午至秀州书店,遇秦翰才。下午月来同餐,并观剧于大舞台(童芷苓演)。

八日

上午王欣夫来。午刻至实君家取箱。偕月至南阳路房管处，继访道彤，已迁移矣。与涤、月同晚餐。

九日

上午至延安西路房管处，据云盛祠由部队管理，非其所辖。偕月在静安寺午餐，同往盛祠，据驻军云，须与常德路司令部联系。下午至出版处，取介绍信未得。偕月至文一村晚餐。

十日　星期

上午胡道彤来。周良佐来。下午实君为余代取屠伯范介绍信。

十一日

下午至古籍书店，又至来青阁购杂书。张学曾来。

十二日

上午周予同来，下午至出版处，取得人民委员会介绍信，及文化局拨借书板介绍信。

十三日

上午至警备司令部，同往盛祠查看，已空无所有。下午和月至复旦，晤绍虞、予同、欣夫。偕明、玮晚餐。

十四日

上午至古籍书店，托寄李后主墨迹照片。至办事处，晤仲济华。至文化局托购车票。至上海图书馆，晤李芳馥。

十五日

晨六时赴苏州，七点三刻到，住皇后饭店。至文化局访范烟桥，已往南京，未晤。至文管会，晤沈勤庐，游狮子林、拙政园，归至文学山房选购杂书。

十六日

上午游留园、西园、虎丘。下午至文化局,取介绍信。至文管会,偕勤庐、圣一同往图书馆,晤陈馆长(女)。晚观苏昆剧团演《花魁》。

十七日　星期

上午观业馀剧团演《金玉奴》及《战太平》。下午游寒山寺。在景德路阅肆。访金子敦。

十八日

上午至图书馆,偕陈馆长及潘圣一往西园看书板。午后金子敦来。至师范学院,晤黄元福,见《佩文诗韵释要》残板。至文物展览会看《织造局志》。

十九日

上午至桃花庵。至拙政园及狮子林。参观博物馆展览会。再至文物展览会。

二十日

至邓尉,步行至石壁,回至光福镇。晚圣一来。

二十一日

早车至常州。访屠子寿。至文代处,处长钱小山陪同至图书馆。下午偕小山、犀尘同往天宁寺,由寺僧清风导观《蒙兀儿史》板。小山陪游东郊公园,观东坡洗砚池。又同访董緗庵。晚听周培华说《十五贯》。緗庵偕李抱宏夜来。

二十二日

上午偕钱处长及民政局长同往天宁寺,与部队协商。下午至图书馆,查《蒙史》页数。晚至车站迎月。抱宏来。

二十三日

携月至镇江,寻鹤林、竹林两寺,均驻军,不得入。拜米元章墓,墓后竹木皆尽矣。至招隐寺,晤老僧辉山。至金山寺观文物展览,即晚回常州。

二十四日　　星期

上午访緄庵长谈,赠我《藕湖词》、《蜕学斋词》各一册。十时,月往锡探梅。下午贺同志来,同往天宁寺。夜董緄庵偕政协秘书长顾峤若来访。

二十五日

上午携月偕钱小山至天宁寺。午后三时,月返沪。小山来,同往马君处看旧书。适緄庵、峤若亦至,同往扬州饭店晚餐。

二十六日

终日在天宁寺。仲济华自沪来。

二十七日

在天宁寺。南京文管会李鉴照等六人到常。唐玉虬来访。

二十八日

购《蒙兀儿史》。致调孚函,索续汇五百元。午后至图书馆,偕犀尘同访屠子寿、唐玉虬。

三月

一日

上午玉虬来,属题悼亡册,以所著《荆川年谱》等为赠。下午朱松庵来长谈。昔年与松庵之父荣昌同来常州访李涤云,忽忽四十年矣。今涤云、荣昌久逝,而涤云夫人杨令茀犹留居海外。约常州诸人晚餐于兴隆园话别,到八人,余与仲济华招待。

二日

早车抵南京,直至文化局。适局中人同往观京剧会演,无人联系,托传达室代觅寓所,定居珠江旅馆。下午至图书馆,与陈彦通、沈元燮①长谈。晚访科长潘其彬,不值。至夫子庙。

三日　星期

上午晤潘其彬。至萃文堂。访朱甸清,留午饭,别四十年矣,告我修补《汉学堂丛书》板事。下午访王季玉,长谈,借《落花春雨巢日记》。访陆曼炎,同出晚餐。

四日

上午至文化局取介绍信。至图书馆与柳定生、陈彦通、汪闾、沈燮元诸人谈。下午偕曼炎访冷御秋。至金陵刻经处参观。同曼炎晚餐。

五日

晨,月自沪来,同往朝天宫看木板。午刻至萃文堂。午后至图书馆。至文化局。缪镇藩昨日逝世,此次竟不及见。

六日

晨至鸡鸣寺,乘车至常州,下车小饮。晚宿无锡,招李勤庵谈。

七日

上午冒雨至梅园。午刻乘车至苏州,晤范烟桥。

八日

晨访周瘦鹃。上午至文管会,与勤庐、圣一在拙政园午饭。

九日

上午游汪义庄。午访金子敦,适将赴沪,匆匆未及谈。下午至图书馆看书。晚月约勤庐、圣一餐于松鹤楼。

十日

宴起,访张子桢,同至玄妙观茗话。下午至怡园。

---

①原稿如此。

十一日

上午送月往锡再度探梅。访张葆生、杨寿祺,同至苏州书场,听葛佩芳、程红叶说《白蛇》,徐云志、王鹰说《三笑》。晚仍听书。

十二日

早车到上海。访仲济华,取汇票。访吴东迈,取箱。访吴承芳,留晚饭。夜雪,雇车回,宿东亚旅馆。

十三日

晨访费志诚,与徐钊、汪偶然、林星垣等晤谈。过亚贤家小坐。访盛世蕃,不值。访月,留饭。

十四日

上午至古籍书店。访屠伯范,不值。到邮局取款。午餐于彰记。至古典出版社访胡道静。偕月同访盛世蕃,而世蕃乃同时过我,遂相左。继同往白蕉家夜饮。

十五日

上午至上海图书馆查《画赘》板,不能得。午刻至孙家。午后访钱镜塘。餐月。访盛瑾如。

十六日

晨候月。至古籍书店取信。至文化局,由费志诚以电话询房管处,不得要领。夜觞月。

十七日　星期

晨约石公、白蕉、寒汀在新雅茶点,继同访唐云,小坐。与蕉、云同往华严精舍午餐。午后购车票。复与寒汀、若瓢集唐云家,三人为余合作画四帧。

十八日

早车往杭州。访瑞祥,不值。下午游天竺。宿清泰。

十九日

晨，瑞祥来。游灵峰、孤山。午刻回寓，与瑞祥同访高恒初，不值。至文化局取介绍信。晚餐于杭州饭店。

二十日

上午访张冷僧。与瑞祥午餐于车站。访君定长谈。

二十一日

上午至图书馆，由孙金三同志陪往大学路地下室及艮山阁慈孝庵看书板。下午至平湖秋月、三潭印月及湖心亭。

二十二日

上午往图书馆，取书板目录，晤冷僧及夏璞山（定域）、毛春翔。下午阅书。

二十三日

乘长途汽车由湖州转南浔，住金城旅馆。即晚至嘉业藏书楼，晤吴满汀，同访王建民。

二十四日

晨，建民来，同茗饮，满汀继至，同往嘉业观书。与建民同午餐。午后月助校《元人小令》。

二十五日

晨，月往湖。与建民、满汀茗饮，同午餐。午后至嘉业观满汀藏印。晚乘汽车至湖州。

二十六日

游白雀寺。

二十七日

游道场山及云岩。夜听钱艳秋说《西厢》。

二十八日

午刻乘汽车至杭州，下午游虎跑，遇沈宗威。

二十九日

晨访冷僧,不值,继至图书馆,与冷僧与沈学植(浙大图书馆长)、张(师大图书馆长)、熊(农大图书馆长)同午餐于太和园。午后携月游苏堤。

三十日

在杭州。

三十一日

至绍兴。至鲁迅纪念馆。访鲁卫生。

四月

一日

游香炉峰、禹王庙、东湖。

二日

携月游兰亭,今日适为阴历三月初三,修禊日也。下午至文化局、鲁迅纪念馆。

三日

早车至嘉兴,至图书馆,晤汪大铁、董巽观、陶诚益。与大铁游南湖。访余十眉。

四日

上午再游南湖。下午至图书馆看书。游杉青闸。

五日

晨访苏小墓、朱买臣墓。十时乘车至上海,住锦江饭店。至合众图书馆借《散曲丛刊》。

六日

早车至松江,晤袁道冲,同午饭,并游醉白池,观《急就章》石刻。下午三时回沪,餐月。

七日　星期

屠伯范来谈。至来青阁取箱。晤助廉。在锦江与董、月同晚餐。

八日

卧病终日。

九日

至文化局托买车票。至纪念馆。助廉来。

十日

王愉孙来。助廉来。夜微雨,饮月未果。

十一日

月来,同午餐,送余搭车赴广州。

十二日

在车中看《飘》。函月。

十三日

上午抵广州,家青已早赴汕头等处演出,不及见。华南话剧团副团长海丰同志已为预备卧室。下午偕汪静同访罗翼群,已赴京,不值。往文化局,文物科长杜若派人同往看书板。

十四日　星期

寄遐老航空函。

十五日

上午访杜守素(国庠),未遇。至政协会访杜定友,已出差,未遇。至中山图书馆,晤张世泰,约星期四下午与参考部主任盛奎运谈。下午至中山大学,晤商锡永(承祚)、冼玉清、董每戡、潘孝瑞(金瑛陪往)。

十六日

上午偕海风同访杜守素。至文化局,晤萧隽英局长。至药洲观九曜石,并翁方纲、徐琪诸刻。此处旧为文史馆,今已拨归南方剧场,即华南话剧团演出之地。下午闷甚,与鲁渔、金瑛闲谈。邻室乔同志(女)来谈。

十七日

上午鲁渔陪同,雇小舟渡江,至中山大学。孝瑞留午餐。今日与孝瑞、玉清长谈甚快。旁晚始乘轮渡至长堤,转公共汽车回东山。玉清以《流离百咏》见赠。

十八日

午后至图书馆访盛奎运,同至南州书楼徐汤殷(信甫子)家阅书。

十九日

晨,冒雨至中山大学访冼玉清,少坐,同过容希白,留午饭。又同访周宽予(连宽)。至中大图书馆阅书。孝瑞送余至轮渡。

二十日

上午偕海风饮茶。十时至文史馆,与副馆长胡希明长谈。与冼玉清同出,华侨郑氏夫妇约愉园午餐。餐毕,同游荔子湾,雇小舟至海角红楼,复坚约晚餐,以疲惫辞。归后小睡。晚至金瑛家闲谈。

二十一日　星期

上午访罗翼群,长谈。约海风、汪静、金瑛、鲁渔在联记午餐。访孙如心(杜定友夫人)。函王百雷约谈。

二十二日

上午访盛奎运,不遇。下午往访仍不遇。至文化局,知已定二十四日开会。至精益配眼镜。

二十三日

二十四日

上午由省文管会召集座谈会,讨论书板事。仅到侯国①、商承祚、吴传诗、黄文宽、杜若五人,杜国庠、罗翼群、萧隽英均以它会不及来。冼玉清、容庚以接柬迟,亦未来。下午看粤剧《奇花公主》。晚饭后,偕汪静步行至黄花岗。

二十五日

上午访王百雷,同午饭。午后浴。三时至中山大学,与玉清、孝瑞同晚餐。复至玉清家小坐(九时始归)。函月。中大今日起停课,学习五天。

二十六日

午刻至政协会,与玉清同出午餐。午后游六榕寺。至市文史馆小坐。偕玉清同往书板储藏处察看。至图书馆小坐。夜访萧隽英谈。

二十七日

上午至文化局,由魏同志陪同往访侯过。

二十八日　　星期

二十九日

三十日

午刻至中山大学,与商锡永、冼玉清谈。

---

①原稿如此。

五月

一日

二日

今日起,政协开会十天。

三日

上午至省图书馆。下午访市文管会郑广权。

四日

五日　星期

上午偕金瑛至瓯舫茗。下午看湖南话剧《孔雀胆》,不终场即归。

六日

卧病。

七日

晨,市文化局派出版科高屏同志来,约十一日上午到古籍书店做报告。

八日

九日

十日

上午至中山大学访孝瑞。午刻至华侨大厦,晤洗玉清、罗翼群。

十一日

上午九时至古籍书店,向工作人员谈话三小时。经理及佟德山同志陪同至宁昌午餐。《南方日报》刊登商衍鎏在政协谈话。

十二日　星期

大雨雷电。

十三日

上午至中山大学晤孝瑞。偕玉清至中大图书馆,又同午餐。午后有阵雨,因与玉清同出,至海珠桥别去。独往茶楼小憩,雇车归。致家青函,明日由陈正光带去。

十四日

晨至站迎月,同至中大,旁晚同出。

十五日

晚乘轮赴肇庆。

十六日

晨抵肇庆茶点后,雇船至七星岩。观李北海书《端州石室记》。晚宿肇庆。

十七日

晨,乘车抵鼎湖,宿市府招待所。下午大雨,冒雨至鼎湖寺、飞水潭。

十八日

晨乘汽车至三水,转乘火车回广州。家青本约今日回广,阻水不果。

十九日

住西濠。

二十日

住西濠。

二十一日

上午至图书馆。家青自罗浮夜归省余。

二十二日

晨送家青至汽车站,欲去罗浮,以水大桥毁不通车,因改乘大车,迂道往。

二十三日

上午至中大,携月同出,托辞别去。

二十四日

沙基、家青等回广。夜宿新华。

二十五日

月留新华,余以十时归。

二十六日

晨八时至新华,在大同茶点。与孝瑞夫妇午餐于冠华。四时在大雨中月上澳轮,余阻码头门外,遂长别矣。余以去年七月廿七日初访其家,至是恰十阅月。孝瑞夫妇后至,竟不及与别,今日盖阴四月廿七,星期日也。

二十七日

大雨倾盆而下。

二十八日

晚偕剧团同往石榴村海军司令部,观演《桃花扇》。

二十九日

晚至青年文化宫,观粤剧《灰姑娘》。

三十日

晚偕剧团至石榴村,观演《同甘共苦》。

三十一日

六月

一日

八日

早车离广,沙基、家青同至车站送行。

九日　**星期**

上午抵武昌,乘轮渡至汉口,住新生旅馆。至古籍书店,晤魏克孚及北京中国书店张君懿。访徐行可。

十日

晨,行可来。至市文化局,晤出版科长王建新。下午至武昌省文化局,晤局长方壮猷。由文管会程欣人陪往博物馆看书板。五时出独游龟山。

十一日

上午偕古籍书店经理周世昌同访杨先梅,不遇。观《舆地沿革图》板。至武昌,访唐醉石,不遇。偕李慕白科长至图书馆,晤秘书孙式礼诸人。下午乘车回京。

十二日

晚车抵北京。

十三日

周良佐来午餐,以《元人小令》稿托其带沪。

十四日

《室名别号索引》出版。

十五日

上午至出版社,与雪村同出,至其家长谈。次公来。

十六日　星期

席斌来,亚贤来,同往北海公园与周良佐同茗。耀堂夫妇来。

十七日

上午至出版社。夜陪童第德至次公家诊。

十八日

十九日

上午出版社开会,舒新城来报告。

二十日

下午助廉偕牟小东来谈,偕往中山公园晚餐。

二十一日

汇寄来青阁书款。赠书寄玉清、希白。

二十二日

二十三日　星期

郑淑君来。李重人来赠生附子。

二十四日

上午中华书局局务会议。

二十五日

上午出版社编辑部会议。介蕃家午餐。午后再往出版社,观木板印刷工场,与王乃夫谈。与雪村同出,至伯翁家小坐。

二十六日

上午至修绠堂,购《室名索引》五册,及另书。

二十七日

晨访伯翁,雪村已先在,同往正兴馆午餐。杨和来。

二十八日

观王祖经《石鼓及其文字之考释》。祖经,浙江永嘉人,为马夷初弟子,颇推服郭沫若之说。

二十九日

上午约郝明科来谈。

三十日　星期

上午吴泽炎、周云青来。下午舜华夫妇来。

七月

一日

久旱,傍晚微雨。

二日

晨,罗文田、姚绍华来,同往北大,晤向觉明。晚与芳瑜至音乐堂,看吴素秋演《铁弓缘》、《纺绵花》。

三日

上午高克辛来谈。下午至邮局,寄明6及行可书。至富晋书社,与浩廷、富三至丰泽楼晚餐。

四日

晨,雪村、调孚来,取余旅途所得资料,将钞寄新城。收得《室名别号》稿费,因至银行开户。邮函舒新城,告以手工纸问题。与衡之同午餐。购丸药。购《元词斠律》等三种。行可寄来《辽史索隐》。访斐云,谈北大丛书及静安文集事。

五日

晨,舒新城来电话,要做提案,因至出版社转托雪村。

六日

领薪。晚暴雨。

七日　星期

上午吴晓铃、孙助廉来,留饭。

八日

上午至出版社,与绍华谈《通检》问题。

九日

十日

十一日

上午向觉民来谈印北大丛书事。王仲闻来,老友观堂之子也。

十二日

上午雪村来。下午过雪村,同往伯祥家长谈。

十三日

下午至修绠堂。

十四日　星期

上午至中山公园,晤伯祥、农祥诸人。晚杨继仁夫妇子女同来。受寒骨痛,可吃奴瓦尔精,走请次公处方。

十五日

服药。助廉来。

十六日

上下午均在古籍出版社开会。舒新城来谈。过中国书店。

十七日

上午至北京图书馆,向斐云取《观堂集林》,至出版社留交调孚。至修绠堂,遇郑振铎、李一氓。与助廉同午餐。

十八日

寄明7。

十九日

上午至琉璃厂,与王子霖谈,看活字本《夷坚志》戊集。

二十日

下午至中华书局开会。

二十一日　星期

上午陶心如来,周云青来。明寄阅芝霞信,说可以介绍她到维也纳教中文,又说国联在维也纳召开原子能会议,招请翻译。覆信警告她,不可参加原子能会议工作,有政治性的。又警告她勿忘祖国。覆8。

二十二日

晚,孙功炎来谈。

二十三日

傍晚伯翁来,同往北海公园晚餐。月青以后序寄道静。

二十四日

小极。

二十五日

病卧。下午发芝青、秀云、金瑛信。

二十六日

二十七日

下午至图书馆,阅《南朝会要》。与芳瑜、继仁同游北海公园。

二十八日　星期

晚与芳瑜至中山公园,遇曹秉衡夫妇。

二十九日

上午至出版社,晤吴甲丰。

三十日

傍晚偕芳瑜至白塔。接支。

三十一日

上午理发。陶心如来,午餐覆蒸。下午芳瑜理发。

八月

一日

上午至出版社,与孙莘人谈木板书事。下午至出版社,与调孚谈,并借目录数种。

二日

下午至出版社开会,反侯岱麟。

三日

上午出版社开会,反丁孝先,余未往。晚至北海及西单。

四日　星期

五日

下午至中华书局,听传达周总理报告。至伯祥家晚餐,阵雨后归,已十时矣。

六日

收八月份薪 184 元,扣房租 7.97,会费 1.84,纸 3.00,实收 171.19。

七日

南京寄到代印格纸。晚饭后至北海小坐。

八日

晚往中山公园。

九日

接慈护、沙基函。夜王乃夫来。

十日

上午访伯祥,甫坐定,知胡道彤至余家,因即返。下午继仁来。

十一日　星期日

苏汉兴来。陈邦焕来。

十二日

郑淑君、姜泉生自沪来。

十三日

上午泉生至周口店化石训练班报到。

十四日

十五日

上午至出版社。下午至琉璃厂。

十六日

十七日

晚,陈秉之来。

十八日　星期

泉生来午饭。

十九日

下午至北京图书馆,晤殿珣、斐云。再至出版社晤调孚。

二十日

二十一日

上午与调孚至北大,晤杨炳安、向觉明。下午于思泊来长谈。

二十二日

阅《美国国会图书馆书目》。夜雨。

二十三日

下午至出版社开会,提雪村问题。介蕃夫妇来,留晚餐。

二十四日

上午访伯祥。寄文霞三十元。阅《古尒字源》。

二十五日　星期　雨

接石公覆。

二十六日

至出版社。送来新印《元典章》,知装钉有误,但全书均已发出,不及追改矣。

二十七日

下午伯翁来,同往北海公园,晚餐于仿膳。

二十八日

上午偕绍华至北京大学,晤聂崇岐。下午拟至出版社,中途遇雨折回。于思泊来,以《诗经新证》见赠。晚与锦章长谈。

二十九日

三十日

上午至出版社及修绠堂,下午至中华开会。陶心如来晚饭。

三十一日

次公来晚饭。

九月

一日　星期

二日

接孝明信，知已于八月廿七日离港赴德。家青亦提前以廿九日离粤赴沪。

四日　雨

上午至出版社开会。

五日

午后至百货大楼购物，偕瑜在阮家晚餐。

六日

发孝明信，寄那不勒司轮局转。

七日

上午王乃夫来长谈。

八日　星期

舜华夫妇来午饭。泉生来。三时偕瑜至中山公园，文英生辰，招饮。遇黄警顽、锺志刚、潘孝瑞。朱太太、赵道生同来我家小坐。今日阴历中秋。

九日

约伯翁及次公来谈，留晚饭。

十日

午后至修绠堂，至出版社开会，讨论重印"廿四史"事。

十一日

上午至出版社，检阅《引得》。

十二日

下午至中华开会,中途退出。至中国书店。偕济川至后门大街,中国书店新分店昨天开幕参观。

十三日

淑君自上海归,带来奶粉。介蕃夫妇来。

十四日

十五日　星期

泉生来午饭。

十七日

剪发。锺志刚来。

十八日

上午至出版社,带回《金石萃编》。下午偕瑜至宣武门及西单商场。

十九日

志刚偕两教师来。接家青函,知周良佐偕馆员等,于十六晚往观《灰姑娘》并赠杯。

二十日

二十一日

上午文化部开会。

二十二日　星期

下午至图书馆,检阅《八琼室金石补正》。

二十三日

钱小山寄来《蒙兀儿史》板十五板,即覆。拟印《记传史汇编目录》。签注罗尔纲来稿意见。秀云来信,谓馆中同人去看《灰姑娘》,并到后台晤家青、沙基,皆大欢喜。

二十四日

次公来午餐。心如来晚餐。旁晚起咳逆大作,头眩身痛,夜不安睡。

二十八日

上午编辑所会议,以病未去。

二十九日　星期

周云青偕其母来。

三十日

姜泉生来。

十月

一日

芳瑜看游行,晨五时半出门,至午后二时始归。泉生来,留宿。

二日

郝明科来。苏汉兴来。郑淑君来。晚章次公、徐衡之来,为余处方。

三日

旁晚偕瑜至北海小坐。

四日

晚,徐衡之送药来。

五日

领工资,除扣,实收一百七十五元四角九分。

六日　星期

上午往寻姚克莲,不遇。

七日

晚克莲来,云小沙在沪患病。

八日

寄航空函致剑平,问家青近在何处。今日为闰中秋。

九日

上午文英来。孙助廉来。

十日

十一日

家青诸人已返广州,文霞来函,以不及至天台为憾。下午至中国书店,回至宣武门书店,遇阿英,又至琉璃厂,遇牟小东。

十二日

十三日　星期

上午周云青来,王会庵来,姜泉生来。午后与泉生、淑君至中央公园摄影,继往天坛回至中央公园晚饭。

十四日

下午至出版社。

十五日

下午至富晋。写信。

十六日

下午出版会议。

十七日

十八日

十九日

泉生来宿。

二十日　星期

上午至中山公园,托印照片。下午与泉生至北海荡舟,啜茗于白塔。

二十一日

二十二日

二十三日

下午至修绠堂、东雅堂。

二十四日

下午访陈援庵,偕援庵、迺龢同至恩成居晚餐。

二十五日

援庵送来《魏书》补缺一叶。午后至出版社及伯翁家。

三十日

偕瑜至阮家午饭,同往百货公司及前门购衣未成。

三十一日

下午至中华,听总结报告。

十一月

一日

下午偕助廉至隆福寺,购大衣及呢裤。泉生来。

二日

泉生借六十元。晚至文联大楼观昆剧。

三日　星期

淑君来。舜华夫妇来为余摄影。午后泉生返校。

四日

五日

上午至北京图书馆。

六日

上午至出版社开会。沈慈护夫妇来久谈。收薪（除扣）实收一七六·〇三元。付中国书店账卅八元。

七日

十月革命纪念日。孝硕来谈。

八日

上午至北京图书馆，查阅《元人小令》未得，即往伯祥家借取，遇俞平伯。下午偕瑜出，购鞋帽。

九日

下午至出版社开会。中宣部两同志来，参观木板印书工场。夜至西单剧场，观韩世昌、白云生演《琴挑》。心如来。

十日　星期

上午至出版社，会谈古籍出版方针。晚，丁孝先来，借《晋书》四册。送来烤火费廿九元四角四分。咳甚头痛。

十二日

上午至社，谈木板印书事，今日本定与静庐赴沈阳，因咳甚临时退票，静庐独行。

十六日

晚观张君秋演《望江亭》。遇伯祥及蒋妻。

十七日　　星期

十九日

至人民医院访次公、衡之。至中华与荦人谈,再至阮家。

二十日

晚餐于森隆。

二十一日

泉生南归。心如来。

二十二日

慈护来辞行。晚观毛世来。

二十三日

二十四日　　星期

二十五日

二十六日

晨起,写人民报木刻消息五百字。中华送来个人工作周记表格。

二十七日

下午至出版社开会。

二十八日

写对于重印“二十四史”意见。

二十九日

与伯祥至大同午餐,同至隆福寺及中国书店。在阮家晚餐,与芳瑜同归。

三十日

上午出版会议。

十二月

一日　星期

二日

杨继仁来。文英来。晚归,上海史建博物馆汇来转交陶心如款二百五十元,记银行代收。理发。

三日

四日

五日

六日

上午石公来。下午偕石公访孙蜀丞。心如来,同晚饭。

七日

上午社务会议。领薪,实收一百六十九元三角三分(内扣房7.97,家具 0.54,书 6.16)。下午偕石公、心如同访援庵,在其家屋檐下合摄一影。晚餐于新桥饭店。

八日　星期

九日

上午章受之来,同往北海午餐。午后,援庵、洒龢来,同往恩成居晚餐。

十日

上午静庐来,同往故宫图书馆。下午偕石公访谢无量,又访行严,不值。

十一日

晨,受之来。偕石公访吴仲超。下午,陶心如、耿鉴庭来。

十二日

偕石公至孙蜀丞家午餐。心如来晚饭。耿鉴庭偕女画家吴研耕来谈。

十三日

十四日

十五日　星期

上午偕石公、心如、鉴庭同访李印泉,并晤其子希泌,出至恩成居午餐。至中山公园寻陈景异,不遇。

十六日

十七日

昨夜大风,今剧寒。耿鉴庭招晚饭,以道远畏寒未去。

十八日

偕石公访金静庵,以病住北京医院,未晤。访林宰平长谈,出至大同午餐,复至修绠堂小坐。

十九日

二十日

下午林宰平来,章次公来。

二十一日

午餐于恩成居,到许季湘八十三、王彦和八十二、洪铸生八十一、陶心如八十、邢冕之七十五、锺刚中七十四、钱稻孙七十一、尹石公七十、戴某。晚次公、衡之、鉴庭来。陈方济夫妇来就次公诊。

二十二日　星期

得俞逸芬函。

二十三日

午后心如来。援庵、迺龢来,同赴全聚德晚餐。至中艺观《三星高照》话剧。姚明华持其父鹓雏遗稿来。

二十四日

下午金灿然约谈。石公南归。

二十五日

上午出版会议。在阮家午餐。孝硕夜来。上午邢冕之来,不值。

二十六日

午后访伯祥。

二十七日

二十八日

二十九日　星期

杨继仁来。文英来。

三十日

文英来夜饭。

三十一日

午后姚克莲来。

一九五八年

一月

一日　阴历丁酉十一月十二日　星期三

下午耿鉴庭来。

二日

介蕃夫妇来,闲谈终日。

三日

碧小姐及其子开文来,开文将下放大连。

四日

下午文英来。约人大阮同志同往相屋。

五日　星期

亚贤来,苏汉兴来,留午饭。

六日

午后偕瑜出和平门,访陶心如,小坐。同往访黎子鹤,不值。至荣宝斋看画展,至戴月轩买笔,至正兴馆晚餐。

七日

出版社林同志来。周云青来。

八日

上午访杭铸秋,观《西陲总统事略》板。下午至中华开会。

九日

石公寄来印泥,及参茸丸三十粒。下午金灿然来。

十日

文英送戏票来。碧来。

十一日

木工来,预付二十元。

十二日　星期

午后至文联礼堂,观昆剧《还魂记》。

十三日　雪

文英来。

十四日

十五日

剧寒。

十六日

晚文英及阮季来。

十七日

下午开会批评张静庐。

十八日

十九日　星期

午后李锦章来。亚贤及陶九来晚饭。

二十日

二十一日

二十二日

　　得剑平函,报入党,并下乡。

二十三日

　　发家青及次公、云青函。

二十四日

　　下午云青来。子鹤、刚主、次公来,同晚饭。

二十五日

二十六日　　**星期**

　　木工来。李锦章来。

二十七日

　　下午至中华,送同志四十一人下乡,同摄影。以《南雷文定》及阮集寄石公。下午在伯翁家长谈。

二十八日

二十九日

　　上午出版会议。

三十日

　　上午访伯祥。

三十一日

　　上午刚主来。晚云青来。

二月

一日

整理书架。晚李四光夫妇来。

二日　星期

上午周振甫来。下午偕瑜至阮家。函次公、蒨汀、起潜。以《〈通检〉序例》函寄绍华。

三日

下午至出版社及灿然家。收到《元人小令集》八本。次公来晚饭。

四日

房主于蔼君来。下午陈济川、吴晓铃来晚饭。

五日

上午刚主来,同往来薰阁、邃雅斋,心如亦到,同往正兴馆午餐,复与刚主同访周铨庵,不遇。

六日

上午散木来。晚中华开会。接逸芬函。收工资,除扣,实收147.01。

七日

八日

下午出版社开会。舜华晚来。

九日　星期

上午规划小组在政协礼堂开成立会。

十日

上午规划小组开会。下午哲学组开会。收《元人小令》稿费 2040。

十一日

上午规划小组开会。吕贞白同归午饭。

十二日

上午史学组开会。下午文学组开会。

十三日

下午出版社因舒、金二人来京,特开编辑会议。开会时咳嗽不停,归家即倒卧床上,夜间热度高至三十九.九。

十四日

下午次公来,诊服药。今晚次骅约晚餐,以病辞。思泊来。

十五日

次公来诊。金长佑持其父静庵函来访。

十六日　星期

次公来诊。

十七日

助廉来。

十八日　阴历戊戌元旦

姚绍华来。杨慧君、阮子莲来。

十九日

叶平子、陈舜华来。郑淑君来。苏汉兴、张人利来。唐仁根夫妇及阿金来。赵次骅及李四光夫妇来。王乃夫来。陶心如来。

二十日

上午周云青来。下午杨继仁、开文来。

二十一日

上午王浩廷来。下午耀堂妻来。

二十二日

上午阮介蕃夫妇来。陈济川来。

二十三日　星期

孙实君来长谈，午饭后助廉亦来。

二十四日

二十五日

午后王伯祥来长谈。

二十六日

上午姚克莲来。修绠代陶心如送《带经堂集》来。

二十七日

上午于思泊来。下午实君来，同往厂甸观市，憩于来薰阁，济川邀至鸿宾楼晚餐。

二十八日

下午偕瑜访次骅、四光长谈。

三月

一日

大风。

二日　星期

上午张静庐来，徐调孚来。下午金长佑来。

三日

上午谢刚主来。下午访金静庵，又至修绠堂，至阮家晚餐，瑜来同归。

四日

下午历史小组开会,归后疲甚,适次公、衡之在,为余处方。

五日

上午孟默闻来。下午陈世觉来,于蔼君来,共同丈量房屋,每月减租四元。二月份起每月三十六元。陈济川来晚饭。

六日

晚王会庵来。晨雪。

七日

下午济川来取赵氏书目去。文英来。

八日

文学组开会,以病未赴。下午陶九来。孝先来,带来三月份薪184,扣房租8.57,电话9.72,书15.52,公债24.5,家具0.54,照片1.25,工会1.88,实收122.02。

九日　星期

下午孟默闻来。萃文送《京师善本书目》来。

十日

晚实君来。覆道静函,并寄《启祯遗诗考》。

十一日

十二日

十三日

下午次公来,晚饭。

十四日

下午实君来,晚饭。

十五日

上午至孙蜀丞家,午餐,旁晚始归,借阅二陶集。

十六日

苏继颐介绍书友萧新祺来。下午亚贤来。

十七日　雪

上午助廉来。晚孝先夫妇来。

十八日

上午霍又新来。晚周云青来。

十九日

下午实君来。陶九来。

二十日

上午萧新祺又来,留购书两种。下午黎子鹤来。

二十一日

上午刚主来,午饭。

二十二日

出版社林君来。下午偕瑜往修绠堂及阮家,再往东安市场,在和平餐厅晚餐。

二十三日　星期

午后访孙蜀臣长谈,济川后至,遂共留晚饭。

二十四日

下午出版会议。

二十五日

二十六日

发静山、实君、泉孙、待青函。

二十七日

下午阿英来。

二十八日

二十九日

下午偕瑜至东安市场。

三十日　星期

上午伯祥来。下午访丁晓先。晚陶九来。

三十一日

上午散木偕徐忠仁来。下午偕瑜至白塔小坐。

四月

一日

下午访灿然。晚刚主来。

二日

下午编辑所约中国书店人员同谈。至伯翁家小坐。

三日

下午阿英来。两致灿然函,谈历史组书目问题。

四日

下午访蜀丞长谈。批古典今年规划意见。

五日

晓先带来四月份薪,除扣,净收一百廿三元七角七分。

六日　星期

午后偕瑜至动物园,亚贤同往。

七日

晚次公来,心如来。

八日

下午至社开会,始正式与中华合并。晚晓先夫妇来。

九日

上午访陶心如,同至美味斋午餐。

十日

下午至出版社开会,谈古典出版社本年计划。衡之来。

十一日

上午至科学图书馆,看仁寿本"廿五史"。议覆古典意见。

十二日

下午出版社开会。

十三日　星期

下午偕瑜访舜华。归途至北海茶点。

十四日

上午与灿然、调孚至北京、故宫两图书馆。下午开会,讨论代理出版办法及分类法。

十五日

上午至北京图书馆,领社内六同志研究证及阅览证。

十六日

重定古籍分类法。

十七日

十八日

上午至社与灿然谈,又与潘达人往观木板房新屋。下午徐忠仁来。

十九日

下午至出版社开会。今日起全市捕麻雀三天。

二十日　星期日

上午访谢刚主,不遇。至隆福医院省陈方济病,与许蓣南小谈。过修绠堂取《求阙斋读书钞》。

二十一日

下午次公来,云往隆福医院,适逢陈方济易箦此,患白血病,无治疗法。旁晚喘咳甚剧。

二十二日

病卧。晚,咽喉肿痛,热高三十八度四。

二十三日

旁晚次公来处方。

二十四日

下午龙伯坚来长谈。晚,晓先夫妇来,云伯翁游沪。

二十五日

下午至社,参加座谈会。上海陈向平来。

二十六日

上午下午均在社开会。接上海来《启祯考》稿费。即退。

二十七日　星期

接道静函。上午贺昌群来。舜华夫妇来午饭。午后耿家基来。陈济川来,同往琉璃厂。晓先夫妇来。

二十八日

未出门。

二十九日

上午访龙伯坚,留饭。

三十日

上午至出版社。

五月

一日

上午参观天安门观礼。晚与芳瑜及晓先夫妇至天安门,绕中山公园归。

二日

上午亚贤来午餐。午后与芳瑜至阮家,晚饭后归。

三日

上午至社开会。下午至蜀丞处长谈,伯坚先在。

四日

五日

上午至社开会。

六日

全天开会,在大同午餐。复道静、石公信。

七日

头痛疲乏,未出门。写剑平、芝青、杜夋及上海西安书店信。淑君来索《元人小令集》去。

八日

午后刘乃和来。晚,晓先夫妇来。

九日

接范祥雍函。

十日　雨

十一日　　星期

上午晓先来。午后往请次公处方。济川来,留晚饭。晓先之女秋自天津来。

十二日

汤季宏要江苏省境内木板材料。

十三日

旁晚至中山公园。服次公方药。

十四日

下午至北海公园。

十五日

接道静函。晓先夜来。

十六日

上午至社,讨论木板印书。晚,晓先来。

十七日

下午至社,以《美国会图书馆书目》八册,托调孚转还北京大学图书馆。

十八日　　星期

上午晓先来。下午杨树千来。旁晚至中山公园,陶九夫妇来,不值。

十九日

上午杨继仁来。旁晚阵雨。

二十日

旁晚,晓先来,云今日起为第四阶段,为期十七天。闻周铨庵明日下乡,作防旱义务劳动。

二十一日

次公来午饭。

二十二日

衡之来晚饭。

二十三日

偕瑜至前门邮局寄信，正兴馆吃点心回，至中山公园小坐。汇给文霞二十元。覆胡承芳函，嘱转古籍卅元。

二十四日

下午潘达人、陈世觉来，为我往人民医院挂号。丁晓先来谈。发陈向平、胡道静函，并寄《渔洋书跋》稿。

二十五日　星期

上午姚绍华来。

二十六日

上午杨继仁来。下午周云青来。

二十七日

旁晚陶九来。

二十八日

晚至中山公园。覆（似未完）。

二十九日

晚孝先来，云伯翁已归，因通电话约明日来，嗣又接电话云明日因事不来。前寄承芳函，误写门牌退回再寄。

三十日

至西四人民医院住院，检查身体。住四楼三四二号，主治医师梁宴青，内科主任傅正恺，副主任王世俊。

三十一日

量体重六十七公斤。

六月

四日

再量体重较前减一公斤。芳瑜病眼。

七日

芳瑜至院检查瞳孔,下午与之同归。

八日　星期

上午舜华夫妇儿女同来午饭。孝先带来六月份薪,除扣,实一六五元七角三分。午后陈绍祖来。亚贤来。丁家夫妇来。

九日

覆有三函。

十日

十一日

谢刚主来午饭。覆剑平、家青。

十二日

王文英来午饭。晚至中山公园。

十三日

十四日

刚主夫妇来,约同至和平餐厅晚餐,遇郑天挺。至大明配眼镜。

十五日　星期

绍祖来,同往中山公园午餐,游故宫。晚至文联大楼观昆剧。

十六日

陶九晚来。

十七日

晚至晓先家,托带王乃夫函。

十八日

下午刘乃和来。访孙蜀丞。晚,晓先来。

十九日

上午王伯祥、倪农祥来,午饭后同往北海公园白塔旁坐茗。天阴潮闷,伯翁疑有雨急归。

二十日

晚偕芳瑜至章次公家开方。

二十一日

定购百衲本"廿四史"。致蜀丞函。端阳节。

二十二日　星期

济川来,同往西城阅肆,在文苑斋购六种。夏至。

二十三日

傍晚文怀沙、任应秋、章次公来。

二十四日

晚,观丁是娥、小爱琴等演《罗汉钱》。

二十五日

发芝青、杜烎、家青、慰芸函。

二十六日

得西安李问渠函。

二十七日

二十八日

二十九日　星期

上午访雪村。下午范行准、章次公来,晚饭后冒雨归。

三十日

七月

一日

二日

三日

夜至中山公园。

四日

夜至中山公园。

五日

下午金灿然、刘子章来。收七月份薪。

六日　星期

助廉来午饭。午后大雨。

七日

八日

下午至局开会,介绍商务并入新同志七人,约十日正式转职。旁晚至中国书店,偕济川至隆福寺修绠、文奎两家,便道访张乾若,长谈。

九日

上午至文苑阁,看大批目录书,似为梁子涵旧藏本。遇张次溪,长谈。

十日

上下午均在局开会。今后三天为"大跃进"高潮。王乃夫调甘肃兰州工作。

十一日　大雨

各组分订跃进计划。

十二日

十三日　星期

上午助廉、刚主来。午刻乃和来。下午到局,六时访刚主,晚饭后归。

十四日　雨

十五日

十六日

上午体育馆开会,未去。

十七日

十八日

上午与斐云、蜀丞电话。接石公函,知森玉病。

十九日

热甚。

二十日　星期

上午赵次骅、李四光及其妇来。陈济川、孙助廉来午饭。下午绍祖、舜华、平子来。热甚。

二十一日　大热

下午到局开会。

二十二日

到局。

二十三日

二十四日

二十五日

下午到局。

二十六日

下午到局。刘子章作整风总结报告。

二十七日　星期

午后丁晓先、陈济川来,晚饭。

二十八日

上午至故宫图书馆看《唐音统签》。至局。下午本约伯翁来谈,竟以畏热不至。

二十九日

下午周振甫来谈。

三十日

至局。下午开会。

三十一日

八月

一日

二日　雨

三日　**星期**　雨

下午助廉来。刚主来晚饭。

四日

上午至局,下午至中国书店,观抄本钱警石《史记》校文,与济川晚饭于东四山南馆。

五日

六日

七日

上午至局。午后偕云青看屋。至伯翁家长谈。

八日　雨

九日

上午至局开会。下午处理稿件。旁晚过阮家小坐。

十日　**星期**

午后至琉璃厂,遇铎兄。

十一日

上午至局。下午至刚主家,遇周绍良,同晚餐。

十二日

上午至局,与丁英桂谈。

十三日

上午访蜀丞,下午访西谛。

十四日

下午至局。

十五日

上午至局,复访蜀丞。

十六日

上午至局开会。下午约丁英桂等谈。

十七日　星期

上午刚主来,同往西单看书,并约何楚侯同至美味斋午饭。晚饭后偕芳瑜至文化宫。

二十三日

下午偕济川访西谛,未遇。至西单商场购校本《书目答问》等十种。

二十四日　星期

复往西单商场。

二十五日

至局。

二十六日

西单送书来,付六十二元。

二十七日

继仁来,以《四友斋丛说》上函付钞,并预付纸费二元。

二十八日

刘乃和来,付《疑耀》二册。

二十九日

上午伊见思来谈。下午到局。

三十日

三十一日　星期

上午谢无量来,毛瑞珍来。济川来午饭,同往琉璃厂阅肆,并探陶心如病。

九月

一日

二日

三日

下午到局,与达人谈上海石印事。晚访西谛。

四日

上午到局,与灿然、达人谈。午访蜀丞。夜刚主来。

五日

下午到局开会,要交明年度计划。以全部《观堂集林》及校勘记交云青过点。

六日

上午至局,与灿然长谈。下午至中国书店,遇康生、胡绳。与济川至大同晚酌。领薪,除扣,实收一六三元。

七日　星期

八日

九日

十日

上午至局。午刻至蜀丞家,晤伯坚。

十一日

午后伯坚来,同往和平与蜀丞同晚餐。富□□来,未晤。

十二日

晚富来谈。

十三日

晚济川、雪江来,同往中山公园晚餐,遇大雨。

十四日　星期

孙景润来,托其往邮局寄高吹万唁仪十元。舜华、平子、绍楚来午饭。

十五日

十六日

上午至局,谈"廿四史"事。云彬以十三晚到京。过伯祥谈。晚袁雪江来辞行,托带龚集还尹石公,并付书款七十二元〇二分。

十七日

十八日

上午至局,与云彬、绍华、研劬同谈"二十四史"事。

十九日

二十日

上午至局。

二十一日　星期

上午伯祥、圣陶来,留午饭。饭后同往北海公园,济川、助廉来。

二十二日

上午至局,与云彬同定整理"二十四史"草案。

二十三日

上午逦穌来。下午陶心如太□来。富君来。杨继仁来。

三十日

下午与颉刚、崇其、云彬、雪村、彬然、灿然及贺志君□□,开会讨论《史记》标点问题。

十月

一日

未出门。

二日

亚贤来午饭。

三日

上午刚主来。下午访蜀丞,复至局,与云彬、绍华谈。

四日

下午至局。

五日　星期

下午访刚主、次公。

六日

　　下午至局。与芳瑜、文英、天□晚餐于和平餐厅。

七日

　　下午与灿然同访援庵。

八日

　　下午至局。

九日

　　下午局开会。发动建炼钢炉。

十日

　　上午伯坚来谈,留午饭。下午至局开会。

一九五九年

年少鸡鸣方就枕，老人枕上听鸡鸣。转头三十馀年事，不道消磨只数声。黄梨洲句

己亥元旦试笔，时年六十又四

上海古籍书店寄来《揅经室再续集》八卷，得之甚喜。去年从石公借阅者只六卷，此又增刊七、八两卷，坊友不知此书之难得，值仅二元五角。同时寄到冯登府词两种一册，值仅三角。

《揅经室集》原用机制纸衬成四册，昨宵亲为改将衬纸拆出，另装两册，置诸案头，为随时之用，此其第一册也。

一月

一日

上午王春、张卜辰、华昌泗、姚绍华等四人来。下午静庐来。

二月

九日　即阴历初二日

上午陈济川、毛慰曾来，午饭。下午杨继仁来。

济川将去沪,以书款一〇三元托其带交古籍书店。又以《挐经室再续集》、《养素堂集》两种托其带去穿线。张乾若国淦半月前逝世,年八十三岁卒于廿五日,今日济川云将购其遗书及书箱。其大部藏书早已捐献武昌图书馆,所留零种亦已在生前陆续售出,今存者有摹写《大典》数百册,旧抄《天下郡国利病书》等,拟请其买成后送来一看。尚有宋刻残本《咸淳临安志》目前当不想出售。此书为海源阁旧物,昔年乾若以二千二百元购得者。

我与乾若订交二十年,但同有喘咳畏风之病,不欲诣人贪客过,二人同之,故二十年中晤谈者只二次。乾若受知项城,在生活起居方面颇受其影响,对客极和易,而处事极严肃,弱冠即以举人任湖北通志馆编纂。抗战时,由北京迁沪,招余往谈,时方撰《方志考》,四壁插架无一非各省方志也。坐定不及寒暄,即以方志体例逐条垂询,几无以置对。去年冬,再见于京寓,颇有久别重逢之乐。临别,余乞写一小条幅,乾若笑曰:公何役我以所短耶?

十日

上午平子、舜华来,午饭。午后伯翁来,畅谈移晷。余前月从上海买来许刻《六朝文絜》,后有秦曼青跋。伯翁云有正书局曾用罗纹纸景印即从此出,题跋藏印无一不同。孙荦人来。

十一日

上午郑淑君来。淑君新从蒙古草原归来,为言蒙古多产绿柱石、冰洲石。马之雌者曰骒马,雄者曰骟马,驾车者曰辕马,领队及护队者曰骔马。连日多客,疲惫之至,下午睡。世梅来。

十二日

上午助廉来云,新收高丽钞本《史记》,不知何本也。

十三日

下午章次公来。

十五日

上午达人、绍华来。下午次公、衡之来。耿鉴庭来。孝先夫妇来晚饭。

十六日

济川今日南行。

十八日

上午章熊来,以《天工开物研究论文集》见赠。刘迺龢来。

十九日

午刻王伯翁、倪农祥来,同往北海公园茗饮。农祥先归,余与伯翁缓步至濠濮间,观迎春书画展览会。范引准来,不值。

二十二日　星期

下午访雪村,复至文英家稍坐,与芳瑜同归。谢刚主来,不值。

二十五日

晨起,雪深两尺许,续下,午后停。下午陈向平、吕贞白来。

二十六日

潘达人、姚绍华来。

二十七日

赵守俨、徐敏霞来。

二十八日

上午敏霞来。

三月

一日　阴历正月廿二日　星期

下午刚主来长谈。

二日

下午访蜀丞长谈,借《朴学斋文录》。

三日

下午至局开会,讨论印《永乐大典》诸问题。至伯翁家小坐。

四日

伯坚来午饭。

八日　星期

下午许蘋南来,商《南雷诗历》,留晚饭。

九日　阴历二月朔　终日大雪

十一日

下午阿英来谈,借杨秋室集二册去。

十二日

上午潘达人、王名涛来谈。下午毛慰曾来。敏霞自今日起可全日工作矣。

十三日

午后刘乃和来。至局与达人、高谊谈。归途过伯翁,不值。

十四日

下午调孚来谈。

十五日　星期

晨,孝先来。上午振甫来,商《三国志》标点。

十六日

上午孙景润来,《清代碑传文通检》出版,送来赠书六册。下午与芳瑜至北海公园,遇苏州人陶瑞伯,与颉刚、伯祥诸人为草桥中学同学。

十七日

午后至历史博物馆,访李华同志,观传钞本《永乐大典》六册。偕芳瑜在和平晚餐。次公夜来。

十八日

惫甚,下午阴。

十九日

上海丁云桂来。上午到局谈《大典》事。晚与武汉文化局长唐长儒①、南京文化局长周村在金灿然家聚谈。长儒为唐耕馀子。

二十日

下午至中国书店,接济川上海寄来张次公家抄本《大典》目录。达人夜来。

二十一日

下午英桂、达人同来。衡之来。王名涛来。

二十二日　星期

上午周云青、章熊来。下午至北海公园。

二十三日

下午原孝铨来。

二十四日

次公夜来。

二十五日

下午伊见思、原孝铨来。

二十七日

傅东华自上海来,与绍华往车站迓之。

二十八日

上午东华来午饭,午后同访灿然、雪村。

---

①原稿如此。

二十九日

午刻绍华夫妇约东华父女餐于西侨饭店。至古籍门市部购《廿五史索引》。向湖南、苏州购笔,皆以今日寄到。

三十日

上午东华、云彬、绍华、守俨来谈四史标点事。与敏霞同午餐。

三十一日

上午范引准来。周振甫来。下午至图书馆,观蒋氏抄本《中兴礼书》,有沈炳垣跋。

四月

一日

下午至局□□谈四史事。浩廷来。

二日

助廉来。

三日

上午东华来。

四日

下午刚主来。晚振甫来。

五日　星期

敏霞夫妇来,亚贤来,同午饭。俞筱尧、沈子盈①夫妇来。孝先夫妇来。碧秋来。

六日

至局决定《册府元龟》付印事。下午至来薰阁、富晋阅书。

---

①原稿如此。

七日

援老偕刘乃和至局,局以车招余往陪,旋乘援老车回家。

八日

来薰阁送书来。下午达人来晚餐。

九日

旁晚至中山公园,遇伯坚夫妇。

十日

下午与敏霞、芳瑜至北海公园。

十一日

闻绍虞来京,至车站迓之,未遇后知因病不能来。

十二日　星期

孝铨将下乡,来辞行。

十三日

晚与芳瑜至首都剧场观《女店员》。

十四日

东华、伯祥来长谈,留晚餐。

十五日

上午至局。下午来薰阁送来《读书记》款,及原刻《重论文斋笔录》,值四十二元。

十六日

姚绍华来。柳翼谋有《〈三国志〉裴注义例》,未刻。

十七日

灿然昨晚回京。敏霞今日赴沪。上午至图书馆观傅校《册府元龟》。

十九日　星期

傅璇琮来。徐调孚来。助廉来。

二十日

东华来。

二十一日

上午至局,灿然、东华、云彬诸人共谈。下午达人、高谊来。

二十二日

东华来。刚主夜来。

二十三日

东华乘早车回沪,余与绍华至站送之。接敏霞信,云二十五日搭车回京。

二十四日

蜀丞来长谈,午饭。四时后,至局决定《册府元龟》设计事,归途至达人家小坐。

二十五日　　阴

二十六日　　星期日

刘叔雅之夫人张秋华持谢无量函过访,谓叔雅所著《说苑注》、《庄子注》已交云南人民出版社,其未成稿《杜工部年谱》及《王子安集注》则为其助手扣留未还。上午至中山公园吃茶,到老铁、静庐、兆平。下午与达人至庆霄楼观昆曲会唱。

二十七日

敏霞昨日自沪回。下午与灿然、达人同访斐云。

二十八日

孙景润来。

二十九日

下午访援老。云彬来,不值。助廉介绍马士良来。

三十日

偕敏霞参观装帧展览会。

五月

一日

劳动节,天安门观礼。

二日

舜华夫妇子女偕来午饭。孝先夫妇偕女秋来。

三日

上午伯祥来,与芳瑜、敏霞同赴全聚德午餐。午后中华书局开会,舒新城、金子敦到。

四日

下午至局。《三国志·魏书》十二册发稿。与潘达人、俞明岳、姚绍华至康乐晚餐。

五日

六日

上午与敏霞至故宫观雕塑、绘画、定陵三展览会及珍宝馆。

七日

伯翁约子敦在猗兰堂午餐,复同至我家长谈。

八日

谢刚主来。

九日

晨至公园,景润来取汉学堂书价。晚总编室交来稿费二千五百元。

十日　　星期

午后至邮局,寄东华信并《吴志》一册。汇文霞五十元、家瑞二十元。至文苑斋阅书。微雨。

十一日

晨至北海。午后至大华观西藏影片。与绍华、敏霞同晚餐。

十二日

晨至中山公园。敏霞读欧·亨利短篇小说一篇。午后至北京医院,探次公病。

十三日

下午王名涛来。东华寄来《蜀志》三册,行可寄来《蜀山集》。有三约二十日来。晨至中山。

十四日

晨至中山。下午与灿然、达人同访援老。

十五日

晨至北海。下午至中山公园,听西藏报告,与达人、敏霞、芳瑜共晚饭,复遇云彬及守俨夫妇,同茗。

十六日

晨至北海。

十七日　　星期

上午至中山公园,与伯翁茗饮。下午范引准来。调孚来。

十八日

晨至北海。

十九日

晚达人来谈。

二十日　　微雨

以《吴书》两册寄东华。

二十一日

上午达人偕王有三来。致援庵函。

二十二日

晚济川来谈。

二十三日

晚与芳瑜、敏霞及达人夫妇观昆剧《渔家乐》。

二十四日

引淮来，云次公已迁住阜外医院。

二十五日

晨至北海。点《吴书》毕，明日即寄东华。

二十六日

晨至北海，又过桥寄邮包。瑜独往万岁山。

二十七日

至局。下午偕李俊民、潘达人至蜀丞家长谈。

二十八日

上午于思泊来谈。下午文英来。济川来。

二十九日

下午有三来。达人来。晚观北昆。

三十日

上午至局。午饭后偕敏访援老。

三十一日　　星期

上午访伯翁长谈。晚衡之来。

六月

一日

二日

　　上午局务会议。下午偕敏访蜀丞。

三日

　　感冒有微热。旁晚至人民医院请衡之处方。复与衡之偕往阜外探视章次公。次公本因左腿剧痛住北京医院已一月，近从 X 光发现前胸有黑点，因迁住阜外医院外科治疗，已于一日开刀，知有恶性癌附着上膈静脉管，不能割除，虽开刀经过良好，而治疗则绝望矣。

　　次公幼女无忌前议给我抚育，今日始在医院见之，他日当不负此诺也。

四日

　　以次公病情，函告圣陶、彬然。

五日

　　病卧。晚热度剧增。下午范祥雍来谈。

六日

　　下午达人来。终日病卧。

七日　星期

　　晨，敏霞持盐、金枣及糖果来。能起坐。

八日

　　下午伯翁来。

九日

下午陶心如来。晚淑君来。达人夫妇来。

十日　端阳节

始校《艺文类聚》。东华寄还《吴志》。晚济川来。

十一日

祥雍来午饭。午后伯祥来。

十二日

伯祥来,同往北海午餐。午后微雨。祥雍来。

十三日

十四日　星期日

上午偕霞、凤游御园,见铁树开花。下午引准来长谈。

十五日

十六日

下午偕敏霞同访蜀丞。

十七日

上午偕霞游北海,仿膳午餐。《三国志》下半部发稿。

十八日

上午至天坛参观藏中罪行展览会。下午至局,科学院张同志来了解孝明事。

十九日

二十日

瑜病。下午文英来。覆陆曼炎信。

二十一日　星期

午后济川来。衡之来。

二十二日

孙景润送来《通鉴补》，先付二十元。

二十三日

敏霞导其嫂就蜀丞诊。

二十四日

晨，敏霞为购饼、橘持来。阅《大典》。

二十五日

下午访刚主，不值。

二十六日

下午有三来谈。

二十七日

下午达人、英桂来。《三国志》初次校样到。

二十八日　星期

上午来今雨轩茗饮，到灿然、彬然、调孚、圣陶、伯翁。

二十九日

下午云彬总结报告。

三十日

下午晓先总结报告未通过。访伯翁。

七月

一日

上午至局商谈《大典》事。下午传达经济情况报告，晚和平（似未完）。

二日

　　下午听晓先二次总结，未毕即偕灿然至文学研究所开会，讨论钞本《红楼梦》。

三日

四日

　　《三国志》第一次校样阅毕。午后至伯翁处小坐，遂至局，与达人、静庐、绍华谈。

五日　　星期

　　敏来。旁晚至中山公园。

六日

　　《三国志》二次校样来。下午至局，会议《册府元龟》事。

一九六五年

十月

一日　旧历九月初七日　星期五

柴青峰来午饭。孙功炎来赠画扇。校《旧唐书·宣宗纪》至大中九年。

二日　星期六

午后至中山公园观实验京剧团演《盗草》、《跑城》、《秋江》、《斩子》四出。校《唐书》至大中十一年九月。作札致于思泊。

三日　旧历重阳　星期日

上午于思泊来。陆高谊来。午后至中山公园,观北京京剧二团演《盗草》、《岳母刺字》、《断桥》、《闹天宫》四出。晚曹秉衡夫妇来。

四日　星期一

上午徐尊六来长谈,携《叕经笔记》、《芸籁偶存》两种见赠,留午饭。下午陈援老、刘乃和、柴青峰来,同游中山公园遇白寿彝夫妇。晚朱季海来。闻陆楸德、孙祥偈前月逝世。季海借去秦曼青《诗外传》校记。

五日　星期二

午后至中山公园散步。午后丁晓先夫妇来,借去《隐求居日记》四册。校《唐书》至大中十三年第十八卷《宣宗记》讫。

六日　星期三

季海来午饭。借去罗印郑注《论语》一册。函约思泊,未来。校《唐书·懿宗纪》,讫咸通五年。

七日　星期四

午后陈仲益来。朱季海来。剪发。得思伯片,即覆。接俞筱尧安阳来函。校《唐书》,讫咸通八年。

八日　星期五

王伯祥、于思泊、宋云彬来午饭。晚至中山公园,观实验京剧团演《送肥记》、《斗智》、《草原小姊妹》三出。校《唐书》咸通九年。伯祥借去《梦蕉亭杂记》两册。

九日　星期六

下午陈仲益来。

十日　星期日

陈济川来午饭。校《唐纪》咸通十年。晚季海来。晚至中山公园,观实验团演《箭竿河边》。

十一日　星期一

校《唐纪》,至咸通十四年《懿宗纪》讫。

十二日　星期二

午刻,微雨转晴。局中送来工业券十一张。校《唐纪》,至乾符三年。孙景润带来《红旗》二册,以其一赠云彬。

十三日　星期三

致徐尊六札。校史至乾符六年。

十四日　星期四

校史至广明元年。

十五日　星期五

午后至百货大楼。校史讫中和元年。

十六日　星期六

接郭绍虞来札。校史至光启元年。

十七日　星期日

上午张静庐来。严仁斋来午饭。校史光启二年。季海晚来。孙雪泥于上月逝世。

十八日　星期一

下午伯祥来。思泊来。孙景润来,借去二十元。校史至文德元年,《僖宗纪》讫。思泊以旧印《未兆庐文钞》赠。

十九日　星期二

下午仲益来。校史讫昭宗景福元年。

二十日　星期三

校史至乾宁二年。

二十一日　星期四

校史至光化三年。

二十二日　星期五

下午至北海。遇章彦驯。校史至天复二年。

二十三日　星期六

接家瑞函。校史至天祐元年。月琳晚来。

二十四日　星期日

上午季海来午饭。校史至天祐三年。

二十五日　星期一

上午黎、丁来。接徐尊六札。校《旧唐书·本纪》讫。

二十六日　星期二

上午至中山公园,遇伯祥、孝先及胡叔异。在来今雨轩午餐后,同往归来庵饮茶。叔异为昆山胡石予先生子,由华东师大退休,今年六十七岁。

二十七日　星期三

孙景润送来狷翁自印本《四库提要辨证》,价六元,即取与新印本勘对篇目。新印本多增入未定诸稿,并删改自叙。

二十八日　星期四

下午静庐、伯翁、青峰相继来谈。

二十九日　星期五

下午济川来。校虞世南、李百药传。自今日起校《列传》,自七十二卷起。

三十日　星期六

接秀云札,知其新丧爱子。校《唐》褚亮、薛收、姚思廉、颜师古传。

三十一日　星期日

仁斋、文瑛来午饭。午饭后,月琳偕其母来。接曾岚札。昨日张凤宝结婚。

十一月

一日　星期一

发曾岚、秀云、文霞、家瑞、芝青函。

二日　星期二

上午孝先来。下午达人来。校史至刘洎传。

三日　星期三

下午伯祥来,同往中国书店观装钉展览会。校马周传。购《南学书目》、《玉谿生年谱会笺》、《文史论丛》六期、《文史》四期。

四日　星期四

上午仲益来。发高立芳信。校史至韦云起传。

五日　星期五

上午仲益来。校《列传》至七十五卷毕。季海晚来。

六日　星期六

校《旧唐书》至七十六卷毕。

七日　星期日

上午朱士春来。姚樨来。下午高谊来。校史至阎立本传。

八日　星期一

接文霞、芝青信。校《唐书》七十七卷毕。

九日　星期二

校《唐书》弟七十八卷毕。

十日　星期三

季海今日回苏,上午来辞行。以高氏书目寄乃和。

十一日　星期四

下午伯翁来,云颉刚在北京医院割去大肠一段。接曾岚、周妙中信。是日始然炉。

十二日　阴历十月二十日　星期五

芳瑜生辰。文英来。校《唐书》七十九卷毕。

十三日　星期六

上午仲益来,高立芳来。校《唐书》至八十一卷。

十四日　星期日

上午高谊来,午饭。下午劳善文大姊来,晚饭。

十五日　星期一

汇寄文霞廿元,校《唐书》八十二卷毕。

十六日　星期二

接静庐函云今日返沪。午后往观景德镇瓷器展览会。洪文涛夜来。

十七日　星期三

上午达人来。晚至人代会,观西安话剧《车站新风》。

十八日　星期四

下午至北京医院探视颉刚。晚张联仲来。

十九日　星期五

下午仲益来。校《唐书》至八十五卷毕。

二十日　星期六

下午伯翁、濬华来。

二十一日　阴历十月二十九日　星期日

余七十初度,不邀客。下午济川来晚饭。晚曹氏夫妇来。

二十二日　星期一

下午青峰来晚饭。《唐书》校毕八十六卷。

二十三日　星期二

下午探视孙蜀丞。

二十四日　星期三

覆曾岚信。

二十五日　星期四

月琳夜来。接孙实君函。

二十六日　星期五

斐云从香港购回陈任中藏书,今日内部展览,上午往观。覆实君信。夜至人大会堂,观歌剧《海军之歌》。

二十七日　星期六

月琳夜来。校史至三十九卷。

二十八日　星期日

下午济川来。

二十九日　星期一

三十日　星期二

十二月

一日　星期三

下午文英来。接曾岚信。

二日　星期四

下午仲益来。校史至四十一卷。晚至人大会堂,观郑州京剧团演《尖兵颂》。

三日　星期五

四日　星期六

接实君信。校《唐》传四十二卷毕。

五日　星期日

六日　星期一

下午伯翁来。校《唐》传至四十四卷,未毕。

七日　星期二

下午至北海公园。校四十四卷毕。

八日　星期三

感冒喘咳不已。

九日　星期四

卧床不起。下午仲益来,沈玉成来。

十日

十一日　星期六

能起坐矣,而腰酸头痛甚。校唐传,毕四十六卷。

十二日　星期日

卧。上午达人来,下午济川来。

十三日　星期一

邀本街诊所苏医生来诊。徐衡之来,晚餐。

十四日　星期二

文英来午饭。下午仲益来。

十五日　星期三

晚曹师母来。

十六日　星期四

下午柴青峰来。上编寄赠《艺文类聚》。

十七日　星期五

十八日　星期六

十九日　星期日

下午月琳来。旁晚助廉来。

二十日　星期一

下午文涛来。卧病十二日,今日始起。坐阅刘幽求、锺绍京两
传。巡视外室盆中水仙始花。

二十一日　星期二

黄任之师今晨病逝,年八十八岁。

二十二日　星期三

下午严仁斋、王文英来。晚曹氏夫妇来。

二十三日　星期四

下午张联仲来。

二十四日　星期五

上午仲益来。青峰来。校毕第四十七卷。

二十五日　星期六

二十六日　星期日

下午高谊来。济川来。

二十七日　星期一

校四十八卷毕。

二十八日　星期二

仁斋来午饭。下午赵守俨来。下午海宁钱崇澍卒,年八十三岁。

二十九日　星期三

三十日　星期四

下午仲益来。闻广州冼玉清已逝世,不知月日(阴历九月初八,年七十二岁)。

三十一日　星期五

下午伯翁来。

一九六六年

一月

一日　星期六

下午潘达人来晚饭。

二日　星期日

上午吴伯之来。舜华来午饭。下午宋云彬、柴青峰、孙助廉来同晚饭。

三日　星期一

校《列传》弟四十九卷毕。

四日　星期二

病后须长寸矣，今日始理发。

五日　星期三

今日晴暖。拟至公园散步，甫至西华门，力疲而归。校《列传》弟五十卷毕。

六日　星期四

七日　星期五

下午伯祥来。仲益来。晚曹师母来。

八日　星期六

校《列传》五十一卷毕。

九日　星期日

上午牟小东来。下午劳□□来。高谊来。

十日　星期一

伯翁、濬华来午饭。

十一日　星期二

十二日　星期三

下午范行准来。

十三日　星期四

下午青峰来。校《列传》五十二卷毕。

十四日　星期五

下午仲益来。

十五日　星期六

下午至中山公园,病后不出者四旬矣。

十六日　星期日

下午周振甫来。陈济川来。校《列传》弟一卷。

十七日　星期一

上午刘乃和来。

十八日　星期二

十九日　星期三

傅璇琮来晚饭。接道静函。

二十日　星期四

昨夜雪。晨起接曾岚贺春节片,是亦空谷足音也。

二十一日　阴历丙午元旦　星期五

上午舜华来,午饭。午后朱士春来。曹月琳来。俞筱尧、洪文涛来,同晚饭。

二十二日　星期六

覆道静函。上午姚绍华来。下午潘达人、范引准、周妙中来。

二十三日　星期日

上午仲益来。蒋光田来。下午老张来,周云青来。闻王有三患肺病甚剧,住阜外医院。校《唐传》弟四卷讫。

二十四日　星期一　微雪

上午高谊来,午饭。下午助廉来。济川来晚饭。

二十五日　星期二

上午吴劼君来。接道静函,并丛书稿上册。

二十六日　星期三

二十七日　星期四

上午青峰来。以《毛主席语录》并汇款十元寄芝青。

二十八日　星期五

下午仲益来。

二十九日　星期六

上午谢刚主来。下午至中山公园。

三十日　星期日

下午济川来。许蕴南来。晚月琳偕其母来。

三十一日　星期一

午后偕瑜访伯翁,出至崇文门晚餐。

二月

一日

下午至北海公园。

二日

黄沙昼昏。晨，近代史研究所范明礼来访。校《列传》弟四卷毕。

三日　星期四

四日　星期五

下午仲益来。

五日　星期六

文英来晚饭。

六日　星期日

下午至中山公园。云彬来晚饭。

七日　星期一

下午约助廉同往修绠堂，遇周贻白、王伯祥、陆庆颐。

八日　星期二

下午越中山公园至文化宫啜茗。

九日　星期三

下午至白塔啜茗。

十日　星期四

校《列传》弟五卷毕。

十一日　星期五

下午仲益来。交来《列传》五十三至六十四，取去六十五至七十七。

十二日　星期六

下午伯翁、瀋华来,同往白塔。

十三日　星期日

下午周振甫、阎简弼来。劳善文来。

十四日　星期一

下午约青峰在北海啜茗,晚饭于起士林。

十五日　星期二

上午唐鸣时、丁孝先来,还日记四册。下午至来今雨轩啜茗。

十六日　星期三

下午助廉来。

十七日　星期四

今晨陈叔通病卒,年九十。

十八日　星期五

下午与青峰、高谊在来今雨轩茗饮。

十九日　星期六

访恽公孚,同至西单商场茶点。

二十日　星期日　雪

下午,上海申振纲、袁雪江来访,济川、助廉亦至。

二十一日　星期一

晨起,雪未止,瓦上积盈尺矣。午后约达人来,与振纲、雪江同谈书板事。上午陈绵顾谈。

二十二日　星期二

雪止放晴。文学组交阅王有三稿一件。

二十三日　星期三　晴

积雪未溶。校《列传》弟七卷讫。

二十四日　星期四　阴寒

旁晚有内部电影,未往观。

二十五日　星期五

上午得雪江电话,云今日返沪。发道静函。下午仲益来,托其带回王有三稿。

二十六日　星期六

下午至来今雨轩。

二十七日　星期日

宴客于全聚德,到王伯祥及湜华夫妇、叶圣陶、夏满子、林汉达、陆高谊、宋云彬及其女蕴章。

二十八日　星期一

三月

一日

接芝青信,云有探亲假可以来京。下午至中山公园。校《列传》弟八卷讫。

二日　星期三

接道静函。下午至北海公园。

三日　星期四

下午青峰来。

四日　星期五

下午仲益来。咳甚即睡。

五日　星期六

大雪卧病。

六日　星期日

晨雪止未溶,仍卧。今日惊蛰节。

七日　星期一

病卧。接马籚云寄赠新印书一册。

八日　星期二

就诊疗所,苏医生诊治。得家青函。

九日　星期三

又诊。

十日　星期四

午后伯翁、瀋华来。高谊来。覆家青。

十一日　星期五

昨晚热度又高。午后仲益来。守俨来。青峰来,皆卧床对之。公主坟因筑路发掘,中有男女两棺,则非孔四贞矣。

十二日　星期六

函启元伯、孙助廉及古籍书店。

十三日　星期日

函文霞、芝青、秀云。下午济川来,假阅《知非集》。

十四日　星期一

上午王孝鱼、孙助廉来。下午伯翁、瀋华来。

十五日　星期二

下午潘达人来。达人等六人今晚赴安阳。

十六日　星期三

下午文涛来。理发。

十七日　星期四

连日阴寒,甚不适。

十八日　星期五

下午助廉来。致静庐函。

十九日　星期六

下午至中山公园。久不校史,今日始毕弟九卷。

二十日　星期日

晨起至中山公园,即回。上午启元伯来。下午陈济川、滕彤云来。王文英及阿金母女来。

二十一日　星期一

阅滕彤云稿。

二十二日　星期二

致济川函。下午至揽翠轩啜茗,四点二十二分地震。高谊来,不值。

二十三日　星期三

发芝青函。徐衡之来晚饭。文英今晨赴沪。

二十四日　星期四

上午访援老,与乃和、青峰同摄影。援老欲向上海图书馆传钞《千山剩人禅师语录》,即函询起潜。

二十五日　星期五

上午高谊来。下午仲益来。接文霞函。

二十六日　星期六

下午至来今雨轩。接静庐函。家瑞函。校《唐》传弟十卷毕。

二十七日　星期日

上午伯祥及湜华夫妇来。舜华来午饭。晚曹秉衡夫妇来。

二十八日　星期一

午刻访陆广莘,谈家瑞病情。即函告家瑞。

二十九日　星期二

下午文涛来。校《唐传》弟十一卷毕。

三十日　星期三

下午至双虹榭。

三十一日　星期四

下午至来今雨轩。仲益来。

四月

一日　星期五

晓先来午饭。饭后同往来今雨轩，伯翁、六官、阿璋亦来。晚芝青自沪来。

二日　星期六

下午偕芳瑜、芝青游故宫。归至来今雨轩小坐。接起潜覆，致乃和、剑平函。

三日　星期日

下午偕芳瑜、芝青访问曹世梅，继往陶然亭。

四日　星期一

下午至动物园。

五日　星期二

上午伯翁约在揽翠轩茗叙。晓先来，以《半兰旧庐诗话》假阅。下午滕肜云来。晚，陈援老招宴于广东酒家。芳瑜、芝青别往政协礼堂观电影。

六日　星期三

连日疲惫，偃卧终日。下午助廉来。

七日　星期四

得济川电话，云王富晋昨晨逝世。晚芳瑜、芝青往民族宫观话剧。

八日　星期五

下午仲益来。校卷十二讫。

九日　星期六

校卷十三讫。

十日　星期日

上午劳善文来。下午济川来。

十一日　星期一

游颐和园，与伯翁偕。出园门时，遇刚主夫妇。

十二日　星期二

十三日　星期三

午饭于吉士林，回至北海公园摄影。接璐璐信。接启元伯函，谈公主坟掌故。略云：

> 近晤世交张老先生润普，北京文史馆馆员，年八十五。此老于北京掌故甚熟，且其祖茔即在公主坟之北，解放前曾屡游于此。据云此坟两座，一为清初简纯亲王济度之女，世祖抚养于宫中，下嫁科尔沁亲王班第，封端敏固伦公主。一为高宗第三女，下嫁科尔沁亲王色布腾巴勒珠尔，封和敬固伦公主。此二人俱长居北京，故卒后葬于西郊。其二坟各有院墙，宫门微有前后之差，以示长幼之别。俗传为孔四贞坟，非也。

十四日　星期四

芝青以午车回沪。

十五日　星期五

接家瑞信。下午仲益来,云达人等昨日回京。

十六日　星期六

理发。晚振甫来。

十七日　星期日

下午高谊来。济川来。

十八日　星期一

接起潜函,即覆,并告乃和。下午至中国书店。

十九日　星期二

接文霞信。发家瑞、璐璐信。局送工业券来。

二十日　星期三

下午至白塔。接芝青信,即覆,并附照片。又寄文霞、家青信。

二十一日　星期四

上午,上海《文汇报》李柏森来访。下午严仁斋来。

二十二日　星期五

上午王孝鱼来。芝青之胞弟朱嘉禄来。下午仲益来。交第三十三册,取去第三十四册。

二十三日　星期六

午后萧新祺来。至中山公园。校十四卷讫。

二十四日　星期日

上午天津张重威来,云彬来,舜华来,同午餐。接家瑞信,即覆。

二十五日　星期一

下午伯翁来。校十五卷讫。

二十六日　星期二

偕伯翁游紫竹园。

二十七日　星期三

寄芝青函及照片。卸除大炉自去年十一月十一日至此,共烧煤卅一元六角四分。

二十八日　星期四

二十九日　星期五

上午至中山公园。下午仲益、达人、高谊来。校《唐传》卷十六讫。

三十日　星期六

上午晓先来午饭。晚青峰来。寄道静函。

五月

一日　劳动节

天阴微雨。接芝青信。严仁斋来午饭。晚至天安门观焰火。

二日

下午陈济川、王富三来。冯庸来。

三日　星期二

上午至中山公园。下午徐邦达来。接家青信。

四日　星期三

下午至德胜门,回,至天坛。傍晚文涛来。

五日　星期四

游定陵及长陵。

六日　星期五

下午仁斋来。仲益来。劼君来。

七日　星期六

接秀云信。即覆。校《史传》卷十七讫。

八日　星期日

九日　星期一

伯翁约在恩成居午餐,到章雪村夫妇、林汉达夫妇及高谊。饭后与芳瑜及林汉达夫妇游中山公园,看紫藤、牡丹同时并放。高谊将于十一日返沪。接道静信。

十日　星期二

下午范祥雍来。张一飞来。

十一日　星期三

旁晚偕瑜至中山公园,又往视月琳。

十二日　星期四

收芝青信。晚餐于湖北餐厅。

十三日　星期五

下午仲益来,取去第三十五册。晚至中山公园。

十四日　星期六

下午达人来,同往湖北餐厅晚餐,并邀济川。

十五日　星期日

仁斋来午饭。劳善文偕雀女同志来,雀亦上海文史馆馆员,来京割治白内障。助廉来。孝鱼来。

十六日　星期一

文英自上海归,晚饭后往视之,取来芝青托带之物。孝鱼借我《古文家别集类案》二册,分四案,每案有叙录及选文目录。甲案,唐代古文十二家,北宋十八家。乙案,南宋七家,金一家,元六家,明初七家。丙案,明中晚廿一家,清初八家。丁案,清二十六家。

自谓始于昌黎,终于松坡贺涛,一千二百年中古文作者备于此者。其编排议论皆有独得之见,不随人俯仰。作者郭象叔,字可阶,亦山西人,孝鱼极推重之。

十七日　星期二

上午伯翁来谈。下午范祥雍来。

十八日　星期三

上午王寿彭来谈,云其家旧藏《春秋集义辨疑》一百□十卷,为临榆李集凤著,稿本,未刻。王树柟作《左氏春秋经传义疏》,即以此为蓝本。覆芝青函。寄毛慰芸信。

十九日　星期四

徐衡之、严仁斋来,同午饭。旁晚至中山公园。

二十日　星期五

寄璐璐信。下午在中山公园与青峰、伯翁叙谈。

二十一日　星期六

上午黎子鹤来谈。仁斋、文英来午饭。

二十二日　星期日

上午济川来。下午至中山公园。

二十三日　星期一

上午王寿彭来。接家瑞信,即覆。

二十四日　星期二

上午唐鸣时来。下午王孝鱼来。

二十五日　星期三

接毛慰芸信。下午至中山公园。

二十六日　星期四

上午徐衡之来,午饭。接慧杰信。

二十七日　星期五

接高谊信。下午仲益、达人来。助廉来。

二十八日　星期六

理发。下午至中山公园。

二十九日　星期日

上午文涛来。下午云彬来,济川来。

三十日　星期一

上午助廉来。校唐传廿一卷毕。

三十一日　星期二

午后仁斋来,刘乃和来,张联仲来。晚饭后至中山公园,遇曹氏夫妇。

六月

一日

伯翁来午饭。

二日

仁斋来午饭。寄高谊及慧杰函。晚至人大会堂看电影《红日》。

三日　星期五

下午仲益来,青峰来。孝鱼来。

四日　星期六

下午至局。仲益今日停职。

五日　星期日

下午济川来。孝先来。

六日　星期一

下午青峰来。仲益来,云仍继续工作。

七日　星期二

筱尧来午餐。仁斋来。孝鱼来。接芝青信。

八日　星期三

上午孝鱼来。伯坚来午饭。以治癌方寄广莘。

九日　星期四

上午孝鱼来。晚至北海公园。

十日　星期五

下午仲益来。

十一日　星期六

上午伯翁来。仁斋、文英来,午饭后同往中山公园。

十二日　星期日

写大字报五张。发芝青信。

十三日　星期一

下午至局。

十四日　星期二

晨至白塔,与伯祥吃茶,同至仿膳午餐。接道静信。

十五日　星期三

接高谊信。旁晚文涛来。仲益来。

十六日　星期四

昨日起左腿不良于行,今日至诊疗所,请苏医生针之。

十七日　星期五

十八日　星期六

午后仁斋、文英来。

十九日　星期日

二十日　星期一

仁斋携甥女来。孝鱼来。发道静及达人信。再就苏医生针。

二十一日　星期二

二十二日　星期三

下午仲益来。今日夏至节。月琳来。

二十三日　星期四

旧历端阳节。

二十四日　星期五

二十五日　星期六

上午仁斋来。下午助廉自沪归。仲益来。晚月琳来。

二十六日　星期日

上午伯翁来。黄树芳来,吃角黍代饭。下午济川来,孝先来,妙中来。

二十七日　星期一

下午就苏医生针,强步至中山公园小坐。

二十八日　星期二

下午树芳来。

二十九日　星期三

三十日　星期四

购《毛著选读》甲种、乙种各一册。

七月

一日　星期五

仲益至局领工资，为我带来《参考消息》。孝鱼来。

二日　星期六

晚，谢刚主来长谈。

三日　星期日

上午伯翁来，振甫来。下午范行准来。

四日　星期一

五日　星期二　雨

上午唐鸣时来。

六日　星期三

下午仁斋来。

七日　星期四

下午张联仲来。晚至中山公园。

八日　星期五

上午仲益来。

九日　星期六

甚热。下午仁斋、文英来。

十日　星期日

十一日　星期一

旁晚至中山公园。夜雨。

十二日　星期二　阴雨

下午剪发。

十三日　星期三

下午至中山公园。

十四日　星期四

下午伯翁约至双虹榭,遇孝鱼。

十五日　星期五

下午仲益来。

十六日　星期六

下午一飞来。

十七日　星期日

下午孝先来。

十八日　阴历六月朔　星期一

十九日　星期二

二十日　星期三　初伏

二十一日　星期四

二十二日　星期五

二十三日　星期六

下午仲益来。助廉来。文涛、士春来。振甫来。今日大暑。

二十四日　星期日

上午舜华来,午饭。

二十五日　星期一

二十六日　星期二

　　晨,朱士春来,取去灿然、筱尧诸人有关文件,因工作队索阅也。

二十七日　星期三

　　上午请苏医生诊。下午服药而卧。

二十八日　星期四

　　病卧服药。助廉来。得高谊函。

二十九日　星期五

　　下午鸣时来。今日下午各学校工作队均撤退,由师生自选委员会继续搞运动。

三十日　星期六

　　上午孝鱼来。下午仲益来。覆高谊信。

三十一日　星期日

八月

一日　星期一

二日　星期二

　　上午孝先来。下午伯翁来。仁斋、文英来晚饭。

三日　星期三

四日　星期四

　　下午唐鸣时来。晚至中山公园步行,甚累。

五日　星期五

气压甚低,喘咳几不能支。

六日　星期六

整夜不能安睡,晨起试热度为三八.五,因邀苏医生来诊。旁晚仲益来。

七日　星期日

下午伯翁来。劳善文来。

八日　星期一　立秋节

九日　星期二

下午孝先夫妇来。月琳来。

十日　星期三

上午局中派人要我去与商、中两经理同受斥责,宗霍、非百亦在。

十一日　星期四

下午三点半到局。

十二日　星期五

到局。

十三日　星期六

上午开会斗金灿然。

十四日　星期日　大雨

十五日　星期一

下午开会斗金灿然。大雨。

十六日　星期二

晨,参加史学组学习,大雨,九时后归。下午晴,连日写金灿然材料。

十七日　星期三

下午大会斗金。

十八日　星期四

发表大批傅璇琮大字报。

十九日　星期五

下午大会斗金。

二十日　星期六

发表大批宋云彬大字报。

二十一日　星期日

二十二日　星期一

写傅璇琮、宋云彬、潘达人、周妙中等材料。归途遇雨。

二十三日　星期二

今起自写材料。